Geheimnisvolle Orte in Berlin

Bart Vanacker

Geheimnisvolle Orte in Berlin

Ausflüge in die Vergangenheit der Stadt

BeBra Verlag

Inhalt

Einleitung

Als Fritz Langs Science-Fiction-Film *Metropolis* im Jahr 1927 seine Premiere feierte, war er nicht nur der teuerste Film aller Zeiten, sondern auch ein kompletter Flop. *Metropolis* beschreibt eine dystopische Welt irgendwann im Jahr 2025, die in eine kleine Gruppe von Reichen und ein Heer von Arbeitern aufgeteilt ist. Der Film zeigt, wie Deutschland, das am stärksten industrialisierte Land Europas, mit der rasanten Modernisierung zu kämpfen hatte.

Kennzeichnend ist, dass das Proletariat in *Metropolis* durch eine Rückkehr in die Vergangenheit vor dem Untergang gerettet wird, eine Botschaft, die nach Ansicht des NSDAP-Funktionärs und späteren Propagandaministers Joseph Goebbels auf seine NSDAP zugeschnitten war. Anders als die Filmkritiker mochten die Nazis den Film *Metropolis*. Mehr noch: Hitler erkannte sich in der Hauptfigur, dem jungen Freder, wieder, einem Vorkämpfer der Arbeiterschaft.[1]

Regisseur Lang hatte also nicht nur ein sehr teures Fiasko produziert, er hatte auch, ohne es zu wollen, die Begeisterung der Nationalsozialisten geweckt. Sechs Jahre nachdem *Metropolis* in die Kinos gekommen war, wurde Hitlers Traum Wirklichkeit. Als seine Partei in Deutschland die Macht übernahm, floh Lang prompt nach Hollywood.

Der in *Metropolis* geschmähte Vormarsch der industriellen Revolution ist der rote Faden dieses Buchs. Berlin ist gespickt mit den Spuren verlassener Werkstätten, historischer Bahnstrecken und weitläufiger Rangierbahnhöfe – Denkmäler, die oft erst nach dem Mauerfall eine neue Bestimmung erhielten.

Auch der Zweite Weltkrieg hat Spuren in der Stadt hinterlassen. Während die Elite des „Dritten Reichs" in prunkvollen Hauptquartieren residierte, entstanden anderswo Bunker, Konzentrationslager und Militärdenkmäler. Doch die größenwahnsinnigen Pläne, Berlin zur „Welthauptstadt Germania" zu machen, endeten 1945 mit einer zerbombten Stadt.

Die rasante Industrialisierung und der Zweite Weltkrieg waren nur ein Vorgeschmack dessen, was das spätere 20. Jahrhundert für Berlin bereithielt. Die Stadt blieb ein Brandherd, als der Zweite Weltkrieg nahtlos in den Kalten Krieg überging. Von einem Tag auf den anderen stand Berlin an der Frontlinie, im Kampf zwischen dem kapitalisti-

Französisches Filmplakat für den Film *Metropolis*.

schen Westen und dem kommunistischen Osten, dessen Höhepunkt der Bau einer Mauer mitten durch die Stadt war.

Auf beiden Seiten der Mauer entstanden aus den Trümmern des Zweiten Weltkriegs neue, völlig isolierte Städte. In Ost-Berlin spiegelte die Architektur sozialistische Ideale wider. Das Proletariat übernahm dort (zumindest auf dem Papier) die Macht, genau wie in *Metropolis*. Der Westteil der Stadt hingegen verstand sich als Vorposten der freien Welt. Das ist inzwischen alles Geschichte. 1989 fielen die Berliner Mauer und das DDR-Regime und die beiden deutschen Staaten wurden 1990 wiedervereinigt. Die zwei Hälften der Stadt bildeten wieder ein Berlin. Doch mehr als dreißig Jahre später spürt man an vielen Stellen immer noch den Nachhall der Teilung.

Die Industrielle Revolution, der Einzug der Eisenbahn, das „Dritte Reich", der Kalte Krieg und die Wiedervereinigung haben Berlin geprägt. Überall in der Stadt stolpert man über die Vergangenheit. Für dieses Buch habe ich über siebzig Orte besucht, an denen Geschichte geschrieben wurde. Entdecken Sie auf den folgenden Seiten, was sich hinter grotesken sowjetischen Denkmälern, architektonischen Glanzstücken, alten Militäranlagen und nicht mehr genutzten Gleisen verbirgt: Geheimnisvolle Orte, die nie das sind, was sie auf den ersten Blick zu sein scheinen.

Industriekultur

Zu Beginn des 19. Jahrhunderts nahm die Industrielle Revolution in Berlin langsam Fahrt auf. Gasometer, Brauereien, Fabriken und Werkstätten prägten zunehmend das Stadtbild.

Treppe ins Nirgendwo

Universum-Landes-Ausstellungs-Park, 1879

In der zweiten Hälfte des 19. Jahrhunderts zeigten sich in Deutschland langsam aber sicher die Folgen der industriellen Entwicklung. Das Ruhrgebiet wurde zur Walhalla der Kohle- und Stahlindustrie, Berlin zum Wirtschaftsmotor. Buchstäblich. Maschinenbauer wie Borsig, BAMAG, Berliner Maschinenbau, Siemens & Halske und AEG gründeten ihre Hauptsitze in der deutschen Hauptstadt.

Um der Welt ihre neuesten Geräte zu zeigen, organisierten sie 1879 die Große Industrieausstellung in Berlin. Die Messebesucher konnten nicht nur neue technologische Entwicklungen bestaunen, sondern fanden auch Entspannung in einem der Biergärten, auf der Wasserrutsche oder bei einer Fahrt mit einer venezianischen Gondel.

Siemens & Halske zog während der Technologiemesse mit dem ersten Elektrozug, der auf einem 300 Meter langen Gleis tuckerte, große Aufmerksamkeit auf sich. Die technische Sensation reiste dann weiter nach Brüssel und Frankfurt am Main. Heute ist die Elektrolokomotive im Deutschen Museum in München ausgestellt. Von der Großen Industrieausstellung selbst sind dagegen nur noch wenige Spuren sichtbar.

Neuer Ausstellungspalast, gebaut 1883.

Das Messegebäude wurde 1943 bei einem Luftangriff schwer beschädigt und anschließend gesprengt. Das Gelände geriet in Vergessenheit, da es direkt neben der Berliner Mauer lag.[2] Es blieb jedoch ein bemerkenswerter Rest, nämlich eine krumme und schiefe Treppe.

Vom ehemaligen Lehrter Stadtbahnhof spazierten vor 140 Jahren

Die Treppen führten die Besucher vom Lehrter Stadtbahnhof zum Ausstellungsgelände.

Besucher über diese zehn Meter breite Treppe auf das Messegelände. Ein königlicher Empfang, der zu Beginn dieses Jahrhunderts allerdings kaum noch wahrnehmbar war. Die Treppe war begraben unter einer dicken Schicht von Unkraut und Büschen. Seit 2008 nimmt sie ihre ursprüngliche Funktion

wieder auf, diesmal als Tor zu einem neu errichteten Stadtpark, der in Anlehnung an den alten Universum-Landes-Ausstellungs-Park heute ULAP-Park heißt.[3] Die beiden ägyptischen Löwenskulpturen, die die Treppe flankierten, sind im Neuen Museum untergebracht worden.[4]

ULAP-Park
- Adresse: Alt-Moabit
- Vom Hauptbahnhof aus zu Fuß erreichbar
- Haltestelle: Hauptbahnhof (S3, S5, S7, S9 und U5)
- GPS: 52.5230570°, 13.3647770°

Heute wurzeln hier Bäume.

Zweites Leben für Gasometer
Büros und Lofts

Lange bevor Europa auf Erdgas aus Norwegen, Russland oder den Niederlanden zurückgriff, wurde Gas vor Ort produziert, das sogenannte Stadtgas.

Jede Stadt hatte ihre eigene Gasfabrik, in der Kohle verbrannt wurde. Das freigesetzte Gas heizte Öfen und beleuchtete abends auch Straßenlaternen.

Um das tagsüber produzierte Gas für den Spitzenverbrauch zu speichern, errichtete man neben den Gaswerken Gasometer. Das waren eiserne Glockengasbehälter, die je nach Gasmenge nach oben oder unten schossen.

Gasometer Schöneberg

Ein solcher Gasometer wurde 1913 im Berliner Stadtteil Schöneberg neben dem Werk der Schöneberger Gasanstalt errichtet. Der 78 Meter hohe Stahlrohbau fasste nicht weniger als 160.000 Kubikmeter Gas. Der Gasometer war eines der drei größten Exemplare in Europa und ein lohnendes Motiv für Maler wie Hans Baluschek.[5] Die Gaszentrale in Schöneberg erlebte noch die Umstellung von Stadt- auf Erdgas, doch 1995 wurde der Gashahn zugedreht.[6]

Im Gegensatz zu anderen Gasometern verschwand der von Schöneberg nicht aus dem Straßenbild. Er wur-

de sogar zum Baudenkmal und zur Touristenattraktion erklärt.[7] Während der Sommermonate stiegen Touristen Hunderte von Treppenstufen hinauf, die das Stahlskelett umkreisen. 2021 legte der Eigentümer des Gasometers, die EUREF AG, den Grundstein für einen Bürokomplex innerhalb der Stahlkonstruktion. Geplant ist eine Dachterrasse, die für die Öffentlichkeit zugänglich gemacht werden soll. Laut der Bürgerinitiative „Gasometer retten!" verursacht das Bauvorhaben ernsthaften Schaden an dem historischen Wert des Industriedenkmals. „Das unverwechselbare Erscheinungsbild des Gasspeichers muss erhalten bleiben", heißt es.[8]

Gasometer Schöneberg
- Adresse: EUREF-Campus 17
- Haltestelle: Südkreuz (S2, S25, S26, S41, S42, S45, S46 und S47)
- GPS: 52.481272°, 13.357390°
- Internet: berlin-gasometer.de und gasometer-retten.de

Gasometer Fichtestraße

Das Backstein-Pendant zum Schöneberger Gasometer steht in Kreuzberg und zählt fast 150 Jahre. Dieser Gasbehälter wurde von Johann Wilhelm Schwedler entworfen, einem Bauingenieur, der sich vorwiegend mit der Gestaltung von Kuppelbauten beschäftigte. Kurz

← Stahlskelett des 78 Meter hohen Gasometers Schöneberg.

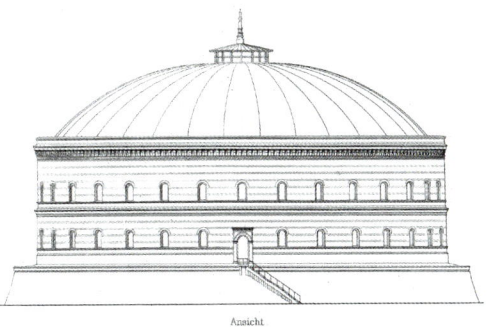

Gemauerter Gasometer Fichtestraße des Architekten Schwedler.

vor Ausbruch des Zweiten Weltkriegs wurde der Gasbehälter ausrangiert. Für die Stadtplaner des „Dritten Reiches" war das keine schlechte Nachricht. Sie bauten ihn zu einem Bunker um, indem sie die Innenwände verstärkten und ein drei Meter dickes Betondach darüber gossen. Der ehemalige Gasometer erhielt den Namen Fichtebunker.

Nach dem Zweiten Weltkrieg diente der einstige Gasbehälter nacheinander als Jugendarrestanstalt, Obdachlosenunterkunft und Vorratskammer des Berliner Senats. Zu Beginn dieses Jahrhunderts entstanden Lofts auf dem Dach des Bunkers, die restliche Innenausstattung kann bei einer Führung des Vereins „Berliner Unterwelten" erkundet werden.[9]

Gasometer Fichtestraße
- Adresse: Fichtestraße 6
- Haltestelle: Südstern (U7)
- GPS: 52.4904593°, 13.4105047°
- Internet: www.berliner-unterwelten.de

Berlin leuchtet

Historische Laternen in Ost und West

Der Astronaut André Kuipers fotografierte 2012 das nächtliche Berlin von der Internationalen Raumstation (ISS) aus. Auf seinen Bildern fällt auf, dass die Teilung zwischen West und Ost sogar vom Weltraum aus noch sichtbar ist. Während die Straßen in der Westhälfte nachts grünere Farbtöne zeigen, leuchtet das ehemalige Ost-Berlin orange.[10]

Die Straßenbeleuchtung erweist sich als Ursache. Es ist eine Geschichte, die zweihundert Jahre zurückreicht und uns nach Belgien führt. 1815 überredeten die Preußen den Lütticher Industriellen John Cockerill, in einer leerstehenden Kaserne im Zentrum Berlins eine Wollfabrik zu errichten. Cockerill ließ Dampfmaschinen aus England heranbringen. Statt Öllampen installierte er Gasbeleuchtung, eine absolute Premiere für Berlin.

Cockerills Wollfabrik war die modernste Werkstatt Preußens, ist aber heute vollständig verschwunden. Ende 1831 zerstörte ein Brand die Fabrik in der Neuen Friedrichstraße. Wenn man alte und moderne Karten von Berlin übereinander legt, erkennt man den genauen Standort an der Ecke der heutigen Litten- und Voltairestraße.[11]

Die Gasbeleuchtung in Cockerills Fabrik erregte bald großes Interesse

Gaslaterne aus Wuppertal, deren Modell 1896 entwickelt wurde.

und fand auch Anwendung bei der Illumination von Straßen. Im Herbst 1826 stellte die englische multinationale „Imperial Continental Gas Association" die ersten Gaslaternen auf dem Boulevard Unter den Linden auf. Obwohl viele Menschen zunächst zweifelten, schmolzen ihre Vorurteile wie Schnee in der Sonne: Die Gaslaternen überstanden nicht nur die ersten Herbststürme, sie brachten abends auch die Fassaden zum Strahlen.[12]

Unter den Linden war Ende des 19. Jahrhunderts erneut Schauplatz eines technologischen Durchbruchs. Auf Anregung von Emil Rathenau, dem Gründer der AEG (Allgemeine Elekticitäts-Gesellschaft), wurde der Boulevard 1888 als eine der ersten Berliner Straßen elektrisch beleuchtet.

Die elektrischen Straßenlaternen erreichten anfangs nur sehr langsam den Rest der Stadt. Das änderte sich nach der Teilung. West-Berlin musste mit den begrenzten Gasreserven sparsam umgehen und tauschte deshalb die Gasbeleuchtung durch elektrische Lampen aus. Die elektrische Straßenbeleuchtung, die in Ost-Berlin die Gaslaternen ersetzten, wurden mit gelblichen Natriumlampen ausgestattet.[13] Das erklärt den Farbunterschied zwischen den Berliner Stadtteilen, der aber nicht mehr lange zu sehen sein wird. Die 25.000 Gaslaternen, die Berlins Straßen in goldgelbes Licht tauchen, müssen durch energieeffizientere ersetzt werden und verschwinden über kurz oder lang.[14]

Die Gehwege sind mit mehr als hundert verschiedenen Gaslaternen gesäumt.

Eine Nachbildung der Camberwell-Laterne, der ersten Art von Gaslaternen, die Unter den Linden beleuchtete, ist im Gaslaternen-Freilichtmuseum zu sehen, das sich am westlichen Rand des Tiergartens befindet. Mittlerweile ist hier in den letzten Jahren eine Sammlung von über neunzig Gaslaternen aus ganz Deutschland und Europa entstanden.

Wenn es Nacht wird, werden die Lampen in den Laternen entzündet. Ein magischer Anblick, zumindest wenn sie noch leuchten. Die abgelegene Lage macht das Freilichtmuseum nämlich anfällig für Vandalismus. Dutzende von Laternen wurden bisher zerschlagen oder auseinandergenommen. Es ist die Rede davon, dass das Deutsche Technikmuseum der historischen Sammlung ein sichereres Zuhause bieten könnte.

Gaslaternen-Freilichtmuseum
- Adresse: Straße des 17. Juni
- Haltestelle: Tiergarten (S3, S5, S7 und S9)
- GPS: 52.513184°, 13.337274°

Der fliegende Mann

Otto-Lilienthal-Park, 1896

Eine runde Scheibe auf Pfeilern krönt einen fünfzehn Meter hohen künstlichen Hügel im Otto-Lilienthal-Park. Zweitausendmal startete der Erfinder Otto Lilienthal auf dem von ihm erbauten „Fliegeberg" in die Luft.

Mit seiner „Flugmaschine", einem zwanzig Kilogramm schweren Gestell von Flügeln, das er „wie die großen Flügel einer Fledermaus" auf dem Rücken montierte, sorgte Lilienthal international für Furore.[15] In der flämischen Zeitung *Het Laatste Nieuws* heißt es 1892,

dass er „seine Flügel wieder ausbreitete, von der Spitze dieses Hügels sprang und ohne die geringste Anstrengung eine Strecke von 250 Metern fliegend zurücklegte". Ein moderner Ikarus, so zeigte sich. Vier Jahre später endete sein Traum vom Fliegen genauso dramatisch wie in der mythologischen Erzählung.

Lilienthal flog mehrere hundert Meter hoch, als er auf einen ungünstigen Wind traf, der dazu führte, dass er seine Flügel überhaupt nicht mehr gebrauchen konnte. Der Unglückliche

Der runde, zwölf Meter hohe Fliegeberg.

Ikarus-Statue zu Ehren von Otto Lilienthal in einem Park in der Nähe der Bäkestraße.

stürzte ab und brach sich das Rückgrat. „Der Tod trat augenblicklich ein", lautete der Bericht einer Zeitung.[16]

Trotz seines frühen Todes gilt Lilienthal heute als Vater der Luftfahrt. Die Gebrüder Wright nutzten sein Wissen über das Fliegen, als sie den Wright-Flyer bauten und mit ihm 1903 den ersten motorisierten Flug machten – wenn auch nur für wenige Sekunden.

Lilienthal wurde also nicht vergessen. Sein „Fliegeberg" wurde 1932 als Denkmal zu Ehren des deutschen Flugzeugpioniers umgestaltet.

Lilienthal wird auch andernorts in Berlin geehrt, etwa im Park am Teltowkanal. Auf einem vier Meter hohen Sockel glänzt eine lebensgroße Skulptur des übermutigen Ikarus aus der griechischen Mythologie. Er stürzte ab, nachdem seine Flügel in der Sonne geschmolzen waren. Damit gilt er als Symbol für das Schicksal, das Lilienthal widerfuhr.[17]

Auch der West-Berliner Flughafen Berlin-Tegel wurde nach ihm benannt und in seinem Geburtsdorf Anklam, zwei Autostunden von Berlin entfernt, befindet sich das Otto-Lilienthal-Museum.

Lilienthalpark
- Adresse: Schütte-Lanz-Straße 41
- Haltestelle: Lilienthalpark (Bus 284)
- GPS: 52.414178°, 13.328789°

Fabriken der Arbeiter

Volkseigene Betriebe, 1948-1990

Ab 1948 enteignete die DDR alle Unternehmen auf ihrem Territorium und machte „Volkseigene Betriebe" (VEB) aus ihnen. Trotz des wohlklingenden Namens gehörten sie aber nicht den Arbeitern, denn in der Praxis hielt der Staat die Zügel in der Hand.

Nach der Wiedervereinigung 1990 wurden fast alle VEB privatisiert. Hundertjährige Unternehmen, in denen die Zeit für Jahrzehnte stehen geblieben war, wurden plötzlich den Regeln des freien Marktes ausgesetzt. Es war ein hartes Erwachen. Ein VEB nach dem anderen ging pleite. Das zurückgelassene Industrieerbe wurde bestenfalls umfunktioniert, im schlimmsten Fall abgerissen oder jahrelang vernachlässigt.[18]

Die denkmalgeschützten Reste einer der Auktionshallen sind der Blickfang des Blankensteinparks.

Gemauerte Rinderställe. Die Fronten wurden inzwischen saniert, die dahinter liegenden Gebäude abgerissen.

Schlachthof mit Perspektive

Der Zentralvieh- und Schlachthof an der Storkower Straße ist ein Musterbeispiel einer umfunktionierten VEB-Ruine. Seit dem 16. Jahrhundert wurden hier Schweine, Kühe und Schafe geschlachtet. Das blieb auch zu DDR-Zeiten so. Jedes Kotelett oder Rumpsteak, das in Ost-Berlin gebraten wurde, kam von diesem Schlachthof mit rund 3.000 Mitarbeitern.[19]

Kurz nach der Privatisierung, knapp ein Jahr nach der Wiedervereinigung, war die Geschichte vom Schlachthof beendet. Er stand mehrere Jahre leer, bis die Stadt Berlin große Pläne dafür entwickelte: Das Vorhaben war, im Jahr 2000 die Olympischen Sommerspiele zu organisieren, damit man der Welt das neue, vereinte Deutschland zei-

gen konnte. Der Schlachthof sollte das Mediendorf beherbergen. Allerdings setzte sich das australische Sydney mit seiner Bewerbung durch und Berlin ging leer aus. So wurde auf Plan B zurückgegriffen: Das Gelände sollte neu erschlossen werden. Das Gerippe des ehemaligen Viehmarktdaches bedeckt jetzt eine Rasenfläche. In den ehemaligen Kuhställen sind Supermärkte und kleine und mittelgroße Unternehmen untergebracht.

Zentralvieh- und Schlachthof
- Adresse: Eldenaer Straße
- Haltestelle: Storkowe Straße (S8, S41, S42 und S85)
- GPS: 52.52383289°, 13.46455514°

Bierflaschen für Belgien

Auf der Stralauer Landzunge zwischen Spree und Rummelsburger See befand sich ein weiteres Stück Industriekultur, das der Kaufmann Edmund Nathan 1889 bauen ließ: die Stralauer Glasfabrik, von der nur noch Ruinen stehen.

Das Glaswerk Stralau spuckte Weinflaschen für das Rhein-, Saar- und Moselgebiet, Sherryflaschen für Spanien und Portugal, grüne Bordeauxflaschen für Frankreich und Bierflaschen für belgische Brauereien aus. Auch die nahe gelegene Brauerei Engelhardt war ein fester Kunde.[20]

Das gut gefüllte Kundenportfolio konnte jedoch nicht verhindern, dass es nach der Privatisierung mit dem Glaswerk bergab ging. 1997 fiel der Vorhang und heute steht der Komplex aus Backsteinbauten unter Denkmalschutz und wartet auf eine Wiederverwendung.

Neben dem Glaswerk sieht man die Konturen des „Flaschenturms", eines Restes der ehemaligen Brauerei Engelhardt, die täglich 300.000 Flaschen Bier abfüllte. Ein Projektentwickler hat diese Ruine zu Wohnungen und Lofts umgebaut.

Glaswerk Stralau
- Adresse: Glasbläserallee
- Haltestelle: Ostkreuz (S3, S5, S7, S8, S9, S41, S42, S75 und S85)
- GPS: 52.497813°, 13.4683480°

Links die Ruinen des Glaswerks Stralau, rechts der Flaschenturm. Beide Gebäude sind inzwischen saniert worden.

Schornstein der Eisfabrik.

Hundert Jahre Abkühlung

Seit mehr als einem Vierteljahrhundert sehnt sich die Eismanufaktur in der Köpenicker Straße nach einer Umnutzung. Die Straße existiert seit Jahrhunderten und folgt dem Lauf der Spree. Im 19. Jahrhundert war dieser Standort ein Anziehungspunkt für Fabrikanten und Holzhändler. Die Eismanufaktur des berühmten Carl Bolle war daher bei ihrer Gründung im Jahr 1896 ein Sonderling, aber durchaus ein Volltreffer. Kühlschränke in Cafés, Restaurants und Haushalten waren damals noch ein ferner Traum, also begann Bolle mit der Herstellung von Kunsteis. In den folgenden Jahren baute er seine Fabrik systematisch mit Kühlhäusern, einem Kesselhaus und einem Maschinenraum aus.

Da die Eisfabrik nach dem Zweiten Weltkrieg in der DDR lag, wurde sie vom Staat übernommen. Die Fortsetzung nach der Wende lässt sich erahnen: 1995 schloss der damalige VEB Kühlhaus Süd-Ost seine Tore. Jahrelang fiel der Komplex dem Treiben von Hausbesetzern, Partylöwen, Vandalen und Projektentwicklern zum Opfer und die Feuerwehr musste bis zum Überdruss Brände löschen. Doch heute ist das ganze denkmalgeschützte Gebäude eingerüstet: Die Eismanufaktur bekommt ein zweites Leben. Der ebenfalls denkmalgeschützte Schornstein und das Kesselhaus werden in das neue Wohnviertel Eiswerk integriert.[21]

Eisfabrik
- Adresse: Köpenicker Straße 40–41
- Haltestelle: Heinrich-Heine-Straße (U8)
- GPS: 52.509549°, 13.426416°
- Internet: eiswerk-berlin.com

Uralte Werkstätten

Das Reichsbahnausbesserungswerk, kurz RAW, dürfte die älteste Industriestätte der Stadt sein. 1867 öffnete die Königlich Preußische Eisenbahn-Werkstatt ihre Tore zur Reparatur von Lokomotiven und Waggons.

Nach der deutschen Teilung lag das RAW-Gelände in Ost-Berlin und wurde anlässlich seines 100-jährigen Bestehens in Werkstatt „Frans Stenzer" umbenannt, eine Würdigung des bayerischen Kommunisten, der 1933 von den Nazis ermordet wurde.[22]

Seit die Werkstatt 1995 geschlossen wurde, zog sie schnell einen Schwarm von Künstlern an, gefolgt von Nachtclubs, Sportvereinen, Zirkuskompanien, Theatern und Bars. Die Ankunft der neuen Bewohner ging mit Belästigungen einher. Tag und Nacht wurden Drogen gehandelt und unachtsame Besucher angegriffen, während sich Nachbarn über den Lärm beschwerten. Das RAW-Gelände verwandelte sich von einer Touristenattraktion in einen Ort, den man besser meiden sollte.

Kameras und Sicherheitsfirmen konnten die Probleme einigermaßen lösen, und so gewann dieser Ort wieder an Anziehungskraft.[23] 2017 wurde eine der ältesten Hallen für das „Haus der Musik" saniert, weitere Projekte könnten dem RAW-Gelände weiterhelfen.[24]

RAW-Gelände
- Adresse: Revaler Straße 10
- Haltestelle: Warschauer Straße (S3, S5, S7, S9, S75, S85, U1 und U3)
- GPS: 52.5079796°, 13.4511478°
- Internet: houseofmusic.berlin

Werkstattgrube

Lokschuppen

Renoviertes Brauereigebäude.

Jugendheim für die DDR-Jugend

Clubs, Büros, ein DDR-Museum, ein Kino und ein Theater: Die ehemalige VEB Schultheiss-Brauerei Schönhauser Allee beherbergt heute alles außer einer Brauerei. Dem Bierbrauen wurde schon zu DDR-Zeiten ein Ende gesetzt. 1967 ging der Volksbetrieb, einst die größte Brauerei der Stadt, bankrott. Die Regierung beschloss, hier ein Möbelhaus und den „Jugendklub Erich Franz" unterzubringen.

In dem nach einem ostdeutschen Schauspieler benannten Jugendclub standen jedes Wochenende Bluesbands und DDR-Gruppen vor Hunderten von DDR-Fans auf der Bühne. Ein väterliches Schulterklopfen für diejenigen, die auf dem richtigen Weg geblieben waren. Mit Sicherheitsnadeln durchstochenen Punks oder Jugendlichen, die auf andere Weise aus der Reihe tanzten, blieb der Zutritt zum Jugendzentrum verwehrt.[25]

Das konnte aber nicht verhindern, dass die subversive Jugendkultur hier Eingang fand. Mehr als einmal gab es

subtile Kritik am Regime. Doch weder die DDR noch der Mauerfall konnten den Verein zu Fall bringen. Nach einer vorübergehenden Schließung wegen finanzieller Probleme erholte sich der „Franzz Club" 2004 wieder, diesmal mit zwei Z am Ende.[26]

An der Ecke Sredzki- und Knaack-straße lockt der kecke Turm des Industrie-komplexes, wo sich das Kesselhaus, die Abfüllanlage und der Maschinenraum befanden. Alles Gebäude, die in den 1990er-Jahren aufgefrischt wurden und heute zusammen die KulturBrauerei bilden, das kulturelle Herz des Bezirks Friedrichshain.

So wurde die Anlage, hundert Jahre nachdem hier Schultheissbier gebraut wurde, zu einem der besterhaltensten Beispiele der Industriearchitektur vom Ende des 19. Jahrhunderts. Es ist ein wahres Kleinod, das wir dem Architekten Franz Schwechten zu verdanken haben. Er hat Berlin nicht nur mit der Brauerei, sondern auch mit der Gestaltung des Anhalter Bahnhofs und der Kaiser-Wilhelm-Gedächtniskirche geprägt.

KulturBrauerei
- Adresse: Schönhauser Allee 36
- Haltestelle: Eberswalder Straße (U2) oder Schönhauser Allee (S8, S41, S42 und S85)
- GPS: 52.5385741°, 13.4122125°
- Internet: www.kulturbrauerei.de

Eisenbahnen

Alte Rangierbahnhöfe, Ruinen von Bahnhofskathedralen, verrostete Viadukte und versandete Schienen zeugen noch heute von der schillernden Eisenbahnvergangenheit Berlins.

Endstation Berlin

Ehemalige Kopfbahnhöfe

Der monumentale, aber verschwundene Kopfbahnhof der Stettiner Bahn in der Nähe des heutigen Nordbahnhofs.

Der 1927 entstandene Schwarz-Weiß-Film *Berlin – Die Sinfonie der Großstadt* vom Filmemacher Walter Ruttmann beschreibt nicht nur das schwindelerregende Berlin der 1920er-Jahre, sondern auch den Ansturm der Dampflokomotiven, die sich damals durch die Stadt drängten. Die Eisenbahngleise hatten sich in weniger als einem Jahrhundert wie ein Spinnennetz um Berlin gewoben. Wegen Platzmangels im dicht bebauten Zentrum endeten die aus allen Ecken Deutschlands kommenden Bahnlinien an Kopfbahnhöfen rund um das

Zentrum.[27] Der Potsdamer Bahnhof war der erste Bahnhof Berlins, in den ab 1838 Züge einfuhren. Danach folgten sieben weitere Kopfstationen. Je nachdem, woher ein Zug kam oder in welche Stadt man reisen wollte, musste man sich einen anderen Bahnhof suchen.

Die Teilung Berlins nach dem Zweiten Weltkrieg läutete ihren Untergang ein. Alle Kopfbahnhöfe schlossen ihre Türen, weil die Strecken plötzlich durch ein anderes Land führten. Einige wurden abgerissen, aber zum Glück gibt es heute rund um die Berliner Innenstadt noch einige Relikte dieser einst monumentalen Kopfbahnhöfe:

1. Lehrter Bahnhof (abgerissen, jetzt Hauptbahnhof),
2. Hamburger Bahnhof (Museum),
3. Stettiner Bahnhof (bis auf den S-Bahnhof abgerissen),
4. Frankfurter Bahnhof (abgerissen, jetzt Durchgangsbahnhof Ostbahnhof),
5. Görlitzer Bahnhof (Güterschuppen sind erhalten),
6. Anhalter Bahnhof (bis auf die Frontfassade abgerissen),
7. Dresdener Bahnhof (in den 1880er-Jahren abgerissen und zusammen mit zwei Güterbahnhöfen als Park am Gleisdreieck neu bebaut),
8. Potsdamer Bahnhof (abgerissen, jetzt gleichnamiger unterirdischer Durchgangsbahnhof).

Die nun wiederaufgebaute Ruine des Vorort-
bahnhofs.

Veranstaltungen im Vorortbahnhof

Der Nordbahnhof ist heute ein unterirdischer S-Bahnhof, oberirdisch fahren
keine Züge mehr. Ab 1842 jedoch befand sich hier mit dem Stettiner Bahnhof
einer der größten Kopfbahnhöfe Berlins.
Von hier aus verzweigten sich die Bahnstrecken in nördliche Städte wie Bernau,
Eberswalde und die Hafenstadt Stettin.

1952 stagnierte der Verkehr und der
monumentale Bahnhof wurde abgerissen. Nur sein kleinerer „Bruder", der
S-Bahnhof Stettiner Vorortbahnhof,
blieb stehen. Mehr als ein halbes Jahrhundert blieb das Gebäude sich selbst
überlassen, bis es 2011 zu einem Ver-
anstaltungsort umgebaut wurde.[28]

Stettiner Vorortbahnhof
- Adresse: Julie-Wolfthorn-Straße 1
- Haltestelle: Nordbahnhof
  (S1, S2, S25 und S26)
- GPS: 52.5319145°, 13.3857986°
- Internet: www.wartehalle-
  berlin.com

Museum Hamburger Bahnhof

Der „Versager" unter den Berliner Kopfbahnhöfen war der Hamburger Bahnhof.
Er wurde 1847 eröffnet, aber mit der
Eröffnung des nagelneuen Lehrter
Bahnhofs (heute Hauptbahnhof) wurde
er weniger als ein halbes Jahrhundert
später wieder geschlossen. Das Bahnhofsgebäude wurde Anfang des 20.
Jahrhunderts zum Eisenbahnmuseum
umfunktioniert, während der dahinter
liegende Güterbahnhof bis weit in die
1980er-Jahre fortbestand.

Trotz seiner frühen Stilllegung ist er
der einzige vollständig erhaltene Berliner Kopfbahnhof und außerdem eines
der ältesten Bahnhofsgebäude Deutschlands. Der Hamburger Bahnhof hat nach
dem Mauerfall seine alte Pracht wieder-
erlangt und das Empfangsgebäude beherbergt heute zeitgenössische Kunst.[29]

Hamburger Bahnhof, eines der ältesten
Bahnhofsgebäude Deutschlands.

Museum Hamburger Bahnhof
- Adresse: Invalidenstraße 50-51
- Haltestelle: Hauptbahnhof
- GPS: 52.5284793°, 13.3711829°
- Internet: www.smb.museum/hbf

Drei alte Schuppen erinnern an die Eisenbahnvergangenheit.

Alte Schuppen im Görlitzer Park

Mit dem Zug nach Cottbus, Görlitz oder Wien? Dafür musste man früher von der Endstation Görlitzer Bahnhof abfahren. Allerdings machte die Teilung Berlins den Reisenden einen Strich durch die Rechnung. Der Personenverkehr von dem in West-Berlin liegenden Bahnhof wurde bald eingestellt und das Gebäude abgerissen. Nur die Gleise blieben noch eine gewisse Zeit für den Gütertransport liegen.[30]

Heute ist das Gelände des einstigen Görlitzer Bahnhofs ein Stadtpark, in dem drei alte Schuppen an die Eisenbahnvergangenheit erinnern. Die Besucher des Parks kommen allerdings eher weniger, um die Atmosphäre des Eisenbahnerbes zu genießen, sondern um ihre Drogenvorräte aufzufüllen. Der Görlitzer Park hat sich zu einer der berüchtigtsten Drogenszenen Berlins entwickelt, mit den dazugehörigen Begleiterscheinungen.[31]

Görlitzer Park
- Adresse: Görlitzer Park
- Haltestelle: Görlitzer Bahnhof (U1 und U3)
- GPS: 52.49901713°, 13.43206822°

Kafka im Anhalter Bahnhof

Der Anhalter Bahnhof ist bis auf die Fassade[32] von der Landkarte verschwunden.[33] 1880 war dies jedoch der größte Bahnhof in ganz Europa. Unter anderem Franz Kafka stieg 1913 hier aus dem Zug von Prag, um Felice Bauer in Berlin zu treffen, für die er eine platonische Liebe empfand.[34] Alliierte Bombenangriffe zerstörten den Bahnhof am Ende des Zweiten Weltkriegs. 1952 wurde er endgültig geschlossen und abgerissen.

Wenn es nach dem Nazi-Architekten Albert Speer gegangen wäre, hätte man den Bahnhof schon viel früher zerstört. In seinen Träumen vom Bau der „Reichshauptstadt Germania" war der Anhalter Bahnhof eigentlich eine Nummer zu klein. Der stattdessen geplante Südbahnhof sollte 400 mal 460 Meter groß sein und zwanzig Gleise haben.[35]

Anhalter Bahnhof
- Adresse: Askanischer Platz
- Haltestelle: Anhalter Bahnhof (S1, S2, S25 und S26)
- GPS: 52.5036412°, 13.3824554°

Fragment des Bahnhofsportikus am Askanischen Platz.

Verrostete Eisenbahnbrücken

Stettiner Bahn, 1842-1952

Bis Ende des 19. Jahrhunderts mussten eilige Kutscher und Fußgänger in der Liesenstraße innehalten und warten, wenn ein Zug der Stettiner Bahn am Bahnübergang vorbeifuhr. Erst das Anheben der Bahn brachte die Lösung für das Problem. Der Bahnübergang in der Liesenstraße wurde in den 1890er-Jahren durch zwei Viadukte ersetzt, die sich in 64 und 94 Metern Länge über die Straße erstrecken.[36]

Die Stettiner Bahn war also eine stark befahrene Bahnstrecke, die vom Stettiner Bahnhof in Berlin abfuhr und im 135 Kilometer entfernten Stettin, damals eine Stadt im Osten des Deutschen Reiches, ankam. Ab 1842 nahm die preußische Königliche Eisenbahndirektion die Strecke in mehreren Phasen in Betrieb.[37]

Hundert Jahre lang schnauften Dampflokomotiven über die Bahnlinie und die Viadukte oberhalb der Liesenstraße, doch die Folgen des Zweiten Weltkriegs versetzten der Stettiner Bahn

Auf dem Viadukt wird der Natur freien Lauf gelassen.

Reste der Berliner Mauer (links auf dem Foto) an der Böschung der Stettiner Bahn.

den Todesstoß. Deutschland musste 1945 einen Teil seines Territoriums abgeben, sodass Stettin plötzlich zu Polen gehörte und in Szczecin umbenannt wurde.

Zwischen Stettin und Berlin fuhren immer weniger Züge und im Mai 1952 war es mit der Stettiner Bahn zu Ende. Eine der ältesten Eisenbahnstrecken Deutschlands wurde geschlossen und die Liesenbrücken waren über Nacht außer Betrieb.

Der Zahn der Zeit macht sich deutlich bemerkbar: Unter der denkmalgeschützten Ruine hängen Netze, die lose Stücke Beton auffangen.[38]

Pläne zur Wiedereröffnung der Brücken für Fußgänger und Radfahrer zwischen dem Park am Nordbahnhof und dem Volkspark Humboldthain wurden vorerst auf Eis gelegt.[39] So verrostet das Denkmal seit mehr als siebzig Jahren und dient nur noch als Kulisse, etwa im Film *Lola rennt*.

Die Tatsache, dass die Brücken jahrelang über einem Niemandsland schwebten, half nicht, ihren Verfall zu verhindern. Bis 1989 bildete die Ecke Liesen- und Gartenstraße den hoch-

gesicherten Grenzbereich zwischen West- und Ost-Berlin. Es ist also nicht überraschend, dass man in der Nähe der Liesenbrücken noch auf Mauerreste stößt.

Um sie zu finden, muss man sich zum Alten Domfriedhof St. Hedwig in der Liesenstraße begeben. In der hintersten Ecke des Friedhofs, in der Nähe der Eisenbahnviadukte, lehnen die Reste der Berliner Mauer an der Böschung.

Taucht man in den Volkspark Humboldthain ein und bleibt in der Nähe der S-Bahn-Strecke, fallen einem zwischen den Büschen noch weitere Reste der historischen Bahntrasse auf, nämlich die ungenutzten Gleise der Stettiner Bahn.

Liesenbrücken
- Adresse: Kreisverkehr zwischen Scheringstraße und Liesenstraße
- Haltestelle: Reinickendorfer Straße (U6) oder Schwartzkopffstraße (U6)
- GPS: 52.54048531°, 13.37969541°
- Internet: www.liesenbruecken.de

Schwebende Züge über dem Potsdamer Platz

M-Bahn, 1983–1992

Mit dem Bau der Berliner Mauer wurden U- und S-Bahn-Linien über Nacht unterbrochen oder fuhren ohne zu halten durch zugemauerte Geisterbahnhöfe. Die U2 war eine solche Linie, die unterbrochen wurde. Fortan hielten die U-Bahnen im Gleisdreieck, anstatt weiter zum Ost-Berliner Alexanderplatz und nach Pankow zu fahren. In den 1980er-Jahren beschloss die West-Berliner Regierung den Bau einer neu

entwickelten Magnetschwebebahn auf dem ungenutzten Abschnitt zwischen Gleisdreieck und Berliner Philharmonie. Sie galt damals als Transportmittel der Zukunft.[40]

Über einer Strecke von 1,6 Kilometern wurden Pfeiler in den Boden gerammt, auf denen man Stahlschienen platzierte. Die M-Bahn fuhr von der Haltestelle am Kemperplatz in der Nähe der Berliner Philharmonie ab und schwebte über

Die Magnetbahn in Berlin, um 1990.

M-Bahn am Potsdamer Platz, 1989.

das Brachgelände im Grenzbereich des Potsdamer Platzes über die Haltestelle in der Bernburger Straße bis zur Endstation Gleisdreieck.

Tests wurden mehrere Jahre lang mit unterschiedlichem Erfolg durchgeführt. Ende 1988 durchbohrte einer der Züge die Glaswand des Kopfbahnhofs Kemperplatz. Der Fahrer hatte zu spät gebremst. Bereits ein Jahr zuvor hatte eine Brandstiftung zwei Züge der M-Bahn zerstört.[41]

Am 28. August 1989 war es endlich soweit: die M-Bahn wurde für Fahrgäste im erweiterten Probebetrieb eröffnet. Der Bau hatte inzwischen eine Menge Geld gekostet, umgerechnet 32 Millionen Euro. Die Verbindung sollte jedoch nur zwei Jahre bestehen. Durch den Mauerfall zwei Monate nach der

Eröffnung verlor die M-Bahn ihre Berechtigung. In einer Vertragsklausel für die Versuchsstrecke war festgelegt worden, dass die Trasse im Falle einer – damals nicht vorstellbaren – Nutzung der alten, durch Ost-Berlin führenden U-Bahn-Linie abgebaut werden müsse. Um die Wiederinbetriebnahme der U-Bahn-Linie U2 zu ermöglichen, wurde 1992 die gesamte Magnetbahn dem Erdboden gleichgemacht, was weitere 1,7 Millionen Euro kostete.[42]

Von der M-Bahn ist heute nichts mehr übrig, keine Gleise, keine Bahnhöfe, keine Pfeiler. Ein Wagen der Berliner Magnetbahn ist allerdings erhalten geblieben und zwar im Oldtimermuseum Rügen. In Berlin findet man nichts mehr vor.

Runde Eisenbahnschuppen

Güterbahnhof Pankow, 1893-1997

Am Güterbahnhof Pankow-Heinersdorf gab es Ende des 19. Jahrhunderts einen regen Zugverkehr der Stettiner Bahn. Güterwagen aus dem Nordhafen Stettin wurden dort be- und entladen. Etwa hundert Jahre später, 1997, kam für den Bahnhof das endgültige Aus .

Wie die südlichen Güterbahnhöfe, die sich in weitläufige Stadtparks wie den Natur-Park Südgelände oder den Park am Gleisdreieck verwandelten, lag der stillgelegte Güterbahnhof Pankow-Heinersdorf jahrelang brach. Schienen, Weichen und Signale wurden entfernt. Ein bemerkenswertes Denkmal blieb jedoch erhalten: der monumentale Rundlokschuppen.

Rundlokschuppen oder runde Lokomotivschuppen beherbergten unter ihrer eisernen Kuppel Abstell- und Reparaturgleise für Dampflokomotiven. Heute zeigt ein Blick auf das denkmalgeschützte Gebäude schnell, dass es dem Verfall anheimgefallen ist. Große Löcher klaffen im Dach, Fenster sind zerbrochen und die Wände sind mit Graffitis überzogen.

Rundlokschuppen sind in Deutschland eine vom Aussterben bedrohte Art.[43] Einen solchen Schuppen findet man sonst nur noch in Rummelsburg, aber der Zustand ist genauso schlimm wie bei seinem Pendant in Pankow.

← Die Heinersdorfer Brücke bietet einen schönen Blick auf die runden Eisenbahnschuppen.

Zufälligerweise stammten beide vom Ingenieur Johann Wilhelm Schwedler. Ende des 19. Jahrhunderts machte er mit solchen Eisenkonstruktionen Furore. Er entwarf auch die Originalkuppel der Neuen Synagoge in Berlin und entwarf viele Gasbehälter und Eisenbahnbrücken.

Der Berliner Möbelmagnat Kurt Krieger, der das Gelände vor einigen Jahren erwarb, hatte Großes mit dem Lager vor. Ab 2023 wollte er alles abreißen und das Gelände mit Hunderten von neuen Wohnungen bebauen. Aber die Tatsache, dass der Schuppen unter Denkmalschutz steht, machte ihm einen Strich durch die Rechnung.[44] Nach Jahren der Vernachlässigung entschied ein Richter, den Rundlokschuppen vor weiterem Verfall zu bewahren.

Bis vor wenigen Jahren konnte man die Anlage direkt betreten. Heute schrecken Absperrungen und Kameras neugierige Eisenbahnarchäologen ab. Wer trotzdem einen Blick darauf werfen will, erklimmt die Heinersdorfer Brücke oder die Bahnsteige des S-Bahnhofs.

Güterbahnhof Pankow
- Adresse: Heinersdorfer Brücke
- Haltestelle: Pankow-Heinersdorf (S1, S2 und S8)
- GPS: 52.577868°, 13.430266°
- Internet: www.pankower-tor.de

Ein außergewöhnliches Biotop in einer Metropole

Rangierbahnhof Tempelhof, 1889-1952

Birken schießen zwischen den Gleisen des ehemaligen Rangierbahnhofs hervor.

Bis Mitte des 20. Jahrhunderts rollten am Rangierbahnhof Tempelhof beladene Güterwagen vorbei, sprühte der kochendheiße Dampf der Lokomotiven in alle Richtungen und roch es nach verbrannter Kohle. Der kilometerlange Bahnhof wurde 1889 erbaut und breitete sich wie ein Ölpteppich aus. Eine Karte aus der Blütezeit der Anlage zeigt bis zu vierzig Gleise nebeneinander.[45] Es sah sehr nach dem wahnsinnigen Plan eines Modelleisenbahners aus.

Heute ist der Rangierbahnhof zum größten Teil verschwunden und der Natur überlassen. Auf dem ehemaligen Eisenbahngelände befindet sich eine zwei Kilometer lange Grünfläche, der Natur-Park Südgelände.[46]

Der Verkehr im Rangierbahnhof Tempelhof kam 1952 infolge der Schließung des weiter entfernten Kopfbahnhofs Anhalter Bahnhof zum Erliegen. Das war die Endstation der Anhalter Bahn, die 1839 gebaut wurde und das 150 Kilometer entfernte Köthen mit Berlin verband.

Nachdem alle menschlichen Aktivitäten beendet wurden, eroberte die Natur das Gelände zurück. Birken schossen zwischen den Bahnschwellen in die Höhe, Füchse und Falken tauchten auf, während obskure Käferarten zwischen den Gleisen kletterten. Der Rangierbahnhof zählte nicht weniger als 334 verschiedene Arten von Farnen und Blumenpflanzen, ein einzigartiges Biotop mitten in der Metropole.[47]

Als die Deutsche Bahn das Gelände an Grün Berlin verkaufte, entstand dort, wo die Bahnvergangenheit von der Natur überwuchert war, ein Park. Hinter jedem Baum findet man Weichenhebel, Schmiergruben oder Reste von Stellwerken.

Am Eingang steht man einer Kanonenkugel auf Giraffenbeinen gegenüber: ein fünfzig Meter hoher Wasserturm, bronzefarben vom Rost. Hier konnten die in den Rangierbahnhof einfahrenden Dampflokomotiven tanken.

Folgt man einem der unzähligen Gleise nach Norden, trifft man nicht nur auf Drehscheiben, sondern auch auf eine reparierte Dampflok aus den 1930er-Jahren. Graffiti-Künstler nutzen die verbliebenen Tunnel und Überführungen als Leinwand.

Zwischen den Gleisen wurde 1927 ein Wasserturm errichtet.

Natur-Park Südgelände
- Adresse: Prellerweg 47–49
- Haltestelle: Priesterweg (S2, S25 und S26)
- GPS: 52.459162°, 13.356809°

Spaghetti aus Eisenbahnbrücken

Yorckbrücken, um 1883

Eine demontierte Brücke wartet auf ihre Restaurierung im Jahre 2016.

Nach ihrer Durchfahrt durch den Rangierbahnhof Tempelhof führten die Gleise der Anhalter, Dresdener und Potsdamer Bahnen weiter bis zu ihrer Endhaltestelle am Rande Berlins.

Allerdings gab es Interessenkonflikte zwischen den Eisenbahnunternehmen und den Stadtentwicklern, die gewisse Wunschträume hatten. Deutlich wird dies bei der Yorckstraße, der Verbindungsstraße zwischen Kreuzberg und dem Bezirk Charlottenburg. Der Stadtplaner James Hobrecht wollte einen sechzig Meter breiten Boulevard wie in Paris bauen, doch je breiter die Straße, desto teurer wurde der Bau der darüber liegenden Eisenbahnbrücken.

Hobrecht musste nachgeben und

seinen eleganten Boulevard bis auf eine etwa 26,5 Meter breite Straße verkleinern, die zudem von 45 Eisenbahnbrücken aus den 1880er-Jahren überspannt wurde.[48] Architekt Franz Schwechten, den wir als Schöpfer des Anhalter Bahnhofs und der Kaiser-Wilhelm-Gedächtniskirche kennen, entwarf einige der Brücken. Kein Wunder, dass sie seit 1993 unter Denkmalschutz stehen.

Denkmal hin oder her, mehr als ein Jahrhundert nach ihrer Errichtung sind die Brücken in keinem guten Zustand. Seit der Schließung von Anhalter und Dresdener Bahnhof werden sie nicht mehr genutzt, zwölf von ihnen sind sogar ganz verschwunden. Nur über eine Handvoll neuerer Brücken fahren noch Züge der S-Bahn und Deutschen Bahn.

Vier der historischen Brücken wurden 2016 von ihren Pfeilern gehoben und in einer abgelegenen Ecke des Parks am Gleisdreieck saniert.

Hohe Sicherheitsstandards erschwerten diese Maßnahme: Eine Fahrradbrücke ist heutzutage strengeren Regeln unterworfen als im 19. Jahrhundert eine für Eisenbahnen, die mit schweren Lokomotiven über sie hinwegdonnerten.[49]

Vier Jahre später als geplant wurden die sanierten Yorckbrücken wieder an ihre ursprüngliche Stelle gebracht und man kann vom Südgelände zum Park am Gleisdreieck radeln oder zu Fuß gehen.

Park am Gleisdreieck
- Adresse: Yorckstraße
- Haltestelle: Yorckstraße (S2, S25, S26 und U7)
- GPS: 52.491588°, 13.376251°

Dutzende von Brücken über der Yorckstraße.

Museum im Bahnbetriebswerk

Bahnbetriebswerk Anhalter Bahn, 1874

In den beiden Lokschuppen aus dem Jahre 1874 sind Dutzende von Lokomotiven ausgestellt, die die Geschichte der Eisenbahn erzählen.

Die ehemaligen Güterbahnhöfe der Potsdamer und Anhalter Bahn am Ufer des Landwehrkanals sind seit 2011 zusammengefügt und zu einem Stadtpark, dem Park am Gleisdreieck, umgestaltet worden. Das bedeutet aber nicht, dass das gesamte Eisenbahnerbe weggewischt wurde. Man findet dort noch alte Stellwerke, Gleise und Signalmasten.

In der Nordspitze der Anlage trifft man auf das ehemalige Betriebswerk der Anhalter Bahn: ein restauriertes Ensemble voller Drehscheiben, Weichen, Lokschuppen und einem Wasserturm. Nach dreißigjährigem Leerstand wurde das Depot Anfang der 1980er-Jahre restauriert, mit Anbauten erweitert und mit historischen Flugzeugen, Druckmaschinen und Autos gefüllt. Das Deutsche Technikmuseum war geboren.[50]

In den Hallen der Anhalter Bahn werden nach wie vor Lokomotiven und Eisenbahnwagen ausgestellt. Außerdem wimmelt es von Verweisen auf die frühere Nutzung. Wer den Ausstellungsraum zum Thema Züge betritt, tut dies durch einen Backsteinbogen, den neu aufgebauten Haupteingang des Anhalter Bahnhofs.

Ein Modell zeigt den fast verschwundenen Bahnhof und den Güterbahnhof in voller Pracht. Draußen sind noch Ruinen und Gleise des ehemaligen Güterbahnhofs zu sehen, eine Anspielung auf die Vergangenheit.[51]

Relikte des ehemaligen Depots und Güterschuppens des Anhalter Bahnhofs.

Deutsches Technikmuseum
- Adresse: Trebbiner Straße 9
- Haltestelle: Gleisdreieck (U1, U2 und U3)
- GPS: 52.4990465°, 13.3782873°
- Internet: sdtb.de/museum-of-technology

Maueropfer: S-Bahnlinien

Mit der Bahn zum Friedhof

1913 ging eine neue Zuglinie in Betrieb. Sie verband Wannsee mit dem vier Kilometer entfernt liegenden Stahnsdorfer Friedhof. Im Volksmund heißt sie „Friedhofsbahn".

Schon seit sechzig Jahren fahren dort keine Züge mehr. Während des Zweiten Weltkriegs kam der Verkehr zum ersten Mal zum Stillstand. In der Nacht zum 13. August 1961 schnitt die Deutsche Reichsbahn die Verbindung endgültig ab. Der Bahnhof Wannsee wurde zur Endstation der West-Berliner S-Bahn.[52]

Früher konnte man mit der S-Bahn in sechs Minuten vom Wannsee zum Stahnsdorfer Friedhof fahren, heute ist es eine stundenlange Safari zu Fuß, die einen unter anderem zum Königsweg führt. Unter der Brücke befinden sich zig Meter Gleise der Friedhofsbahn. Zuschauern der deutschen Netflix-Serie *Dark* ist dieser Anblick bekannt: Die Szenen auf den Gleisen und unter der Brücke wurden hier gedreht.

Folgt man den Gleisen weiter nach Süden, trifft man auf eine weitere Brücke und eine durchhängende Treppe, die einen zu den buschbedeckten Bahnsteigen des Bahnhofs Dreilinden bringt, der einzigen Haltestelle der Friedhofsbahn.

Die Strecke führt weiter bis zum Teltowkanal, der Anfang des 20. Jahrhunderts ausgehoben wurde, zur gleichen Zeit wie der Bau der Friedhofsbahn. Ein stählerner Koloss überbrückte das Wasser, von der „Alten Friedhofsbahnbrücke" fehlt jedoch jede Spur. Das Bauwerk wurde vor wenigen Jahren abgerissen, ein Schlag ins Gesicht derer, die auf eine Wiedereröffnung der Eisenbahnlinie hofften.[53]

Der Viadukt über dem Teltowkanal, der inzwischen abgerissen wurde.

Um der Route der Friedhofsbahn über den Teltowkanal zu folgen, bleibt nichts anders übrig, als einen ansehnlichen Abstecher entlang der (ungenutzten) Teltowkanalbrücke zu machen und dann die Autobahn A115, zum Glück mittels

Gleise der Friedhofsbahn unter dem Königsweg. →

einer Fußgängerbrücke, zu überqueren.

Wer sich die Mühe macht, wird auch an der Südseite des Teltowkanals diverse Brücken der Friedhofsbahn zu sehen bekommen. Eine davon soll schon bei der geplanten Verdoppelung der eingleisigen S-Bahn-Strecke vorgesehen gewesen sein.

Links und rechts liegen gepanzerte Barrikaden, die dazu dienten, Ostdeutsche, die über die Autobahn fliehen wollten, umzustimmen. In den Barrikaden erkennt man zusammengeschweißte Schienenstücke, vermutlich von der Friedhofsbahn.

Der Kilometerstein, in den die Zahl 4 eingemeißelt ist, verrät, dass die Endstation der Friedhofsbahn in Sicht ist: der Südwestkirchhof Stahnsdorf. Auf dem Friedhof sind noch die Bahnsteige zu sehen, auf denen Reisende bis 1961 ausstiegen, aber vom Bahnhofsgebäude selbst ist nichts mehr übrig. Neben einer Infotafel zeugt ein verlorenes Signal von der S-Bahn-Strecke.

Bahnhof Wannsee
- Haltestelle: Berlin-Wannsee (S1 und S7)
- GPS Königsweg Brücke: 52.407992°, 13.174458°
- GPS ehemaliger Bahnhof Dreilinden: 52.405386°, 13.176662°
- GPS Brücken und Endstation Südwestkirchhof: 52.394477°, 13.186117°

Eine Treppe führt zu den verschwundenen Bahnsteigen des Bahnhofs Dreilinden.

Reste der Friedhofsbahn südlich des Teltowkanals.

Die Wiedergeburt der Siemensbahn

Nicht nur die Friedhofsbahn ist der deutschen Teilung zum Opfer gefallen. Mehr als 70 Kilometer Gleise wurden 1980 nach einem Boykott gegen die S-Bahn beseitigt. Nach der Teilung war die Deutsche Reichsbahn mit Sitz in Ost-Berlin verantwortlich für das gesamte Berliner S-Bahn-Netz. Von jedem Fahrschein profitierte das DDR-Regime. Als deswegen immer weniger West-Berliner in die S-Bahn stiegen, versiegten die Einnahmen.[54]

Die Deutsche Reichsbahn stand mit dem Rücken zur Wand. 1980 kündigte sie einen Sparplan an, der dazu führte, dass West-Berliner Beschäftigte ihre Arbeit niederlegten. Vergeblich. Mehrere Strecken, darunter die der Siemensbahn, wurden endgültig geschlossen. Die fast fünf Kilometer lange Siemensbahn, die Anfang des 20. Jahrhunderts auf Initiative der Firma Siemens & Halske gebaut wurde, ließ man während der folgenden Jahrzehnte verkommen. Zur Überraschung vieler steht seit einigen Jahren der Wiederaufbau auf der Tagesordnung. Bis 2029 sollen auf der Siemensbahn wieder S-Bahnen fahren.[55]

Die Bahnsteige des Bahnhofs Siemensstadt hängen über dem Rohrdamm.

Der Zweite Weltkrieg

Der Zweite Weltkrieg hat in Berlin viele Wunden hinterlassen. Berlin war Hauptstadt des „Dritten Reiches" und wurde bis zum Ende des Krieges von den Alliierten fast vollständig zerbombt.

14

Zwangsarbeiter im Freizeitpark

„Luna-Lager", 1940–1945

In der Schönholzer Heide stolpert man über diesen Nachrichtenbunker.

In der Schönholzer Heide erstreckt sich, unter Laub und Erdreich versteckt, ein vierzig Meter langer Bunker, der einzige und letzte Hinweis auf das „Luna-Lager" oder „Kamp Luna". Zwischen 1940 und 1945 befand sich auf dem Gelände die zweitgrößte Barackenanlage für Zwangsarbeiter in Berlin.[56]

Vor allem Häftlinge aus Belgien, Frankreich, Polen, Kroatien, Serbien und der Sowjetunion wurden in zwölfstündigen Schichten sechs Tage die Woche eingesetzt.[57] Sie arbeiteten in verschiedenen NS-Rüstungsbetrieben. Seinen paradoxen Namen verdankt das Lager dem ehe-

maligen Vergnügungspark Luna, der – in den 1930er-Jahren von Halensee in die Schönholzer Heide umgezogen – als Vergnügungspark „Traumland in Schönholz" die Pankower aufmunterte.[58]

Zu Beginn des Zweiten Weltkriegs hätte der Kontrast nicht größer sein können. Das Riesenrad, die Achterbahn und der unvermeidliche Biergarten wichen Baracken, in die die Zwangsarbeiter eingesperrt wurden.

Wer nicht an Krankheiten oder vor Hunger starb, wurde bei Luftangriffen getötet.[59] Sich im Luna-Bunker zu verstecken, war ein Luxus, der den Anwohnern des Lagers vorbehalten blieb, bis das Tempo der Bombenangriffe zunahm und sie einen anderen Luftschutzbunker erhielten. Der Luna-Bunker wurde als Nachrichtenbunker ausgestattet, davon zeugt noch der danebenliegende Sockel, auf dem der Funkmast stand.

Erst im April 1945 wurde das Lager von der Roten Armee befreit. Deshalb gibt es in der nordwestlichen Ecke des Parks einen russischen Soldatenfriedhof, auf dem mehr als 13.000 Soldaten liegen, die bei der Einnahme Berlins 1945 starben.[60]

Spuren eines Open-Air-Theaters

In der Schönholzer Heide findet man auch Spuren eines ehemaligen Freilichttheaters, das sich dort 1956 angesiedelt hatte. Bis zu 2.500 Zuschauer sahen hier Künstler des Friedrichstadt-Palastes und der Deutschen Staatsoper unter freiem Himmel auftreten.[61] Mit der Schließung der Grenze zwischen West- und Ost-Berlin waren die Tage des Theaters bereits 1961 gezählt. Man erkennt nur noch die Arena des Theaters, Reste einer Treppe, Beleuchtungsmasten und einen leeren Sockel, auf dem eine (verschollene) Statue des deutschen Komponisten Carl Maria von Weber stand.[62]

Statue von „Mutter Heimat" auf dem Russischen Friedhof.

Treppe zu den ehemaligen Freilichttheatern.

Volkspark Schönholzer Heide
- Adresse: Schönholzer Heide
- Haltestelle: Schönholz (S1, S25 und S26)
- GPS Luna-Lager: 52.5747390°, 13.3844570°
- GPS Freilichtbühne: 52.575753°, 13.389073°
- GPS Russischer Friedhof 52.580324°, 13.374574°

Leerer Sockel, auf dem einst eine Statue von Carl Maria von Weber stand.

15

Ein national-sozialistischer Tempel

Deutscher Soldatenfriedhof Lilienthalstraße, 1940

Die kubische Feierhalle, das Tor zum „Geistigen Reich".

Im Herzen Berlins, an der Grenze zwischen Kreuzberg und Neukölln, liegt seit achtzig Jahren ein von den Nationalsozialisten angelegter Soldatenfriedhof. Das zentrale Denkmal auf dem Fried-

hof an der Lilienthalstraße kam in den 1930er-Jahren vom Zeichenbrett des Architekten Wilhelm Büning.

Bei dem streng symmetrischen Mahnmal wollte die Nazi-Führung all-

Unzählige Reihen von Grabsteinen für deutsche Soldaten.

jährlich am „Heldengedenktag" der gefallenen Soldaten der deutschen Wehrmacht gedenken. Das war ein Feiertag, den man zu Ehren des „heroischen Patriotismus" der gefallenen Soldaten eingeführt hatte.

Die Feierhalle, ein viereckiger „Tempel des Vaterlandes", war das Tor zum „Geistigen Reich". So pathetisch es klingen mag, nach Ansicht von Klaus Konrad Weber, dem Schriftleiter des mehrbändigen Standardwerks *Berlin und seine Bauten*, war der „Tempel" das einzige Nazibauwerk mit gelungener künstlerischer Note.[63]

Just an dem Tag, an dem das deutsche Militär in den Niederlanden, Belgien und Luxemburg einmarschierte, weihte ein evangelischer Feldbischof der Wehrmacht den Friedhof und es wurden dort die ersten Soldaten beerdigt.

Der Krieg brachte bald weitere Tote, nicht nur Soldaten, sondern auch zivile Opfer, die durch Bombenangriffe ihr Leben verloren. Von einem Soldatenfriedhof war bald keine Rede mehr. Insgesamt wurden hier fünftausend Soldaten und Zivilisten in Einzelgräbern beerdigt, darüber hinaus liegen unzählige Kriegsopfer in drei Sammelgräbern begraben.

Blickfang in der würfelförmigen Box war der Eichenkranz von Ludwig Gies, ein Bronzekranz mit Eichenlaub, der seit 1931 in der Neuen Wache Unter den Linden ausgestellt war, und der, wie durch ein Wunder, den Einsturz des Gebäudes im Krieg überstand.

Heute ziert die schlichte Skulptur „Sorgende Frau" des Künstlers Fritz Cremer die Neue Wache. Der Eichenkranz zog 2004 in das Deutsche Historische Museum.[64]

In einer abgelegenen Ecke hängt eine Gedenktafel, die an die gefallenen Sol-

daten der 3. Panzerdivision Berlin-Brandenburg erinnert. Während des Zweiten Weltkriegs drang diese Panzerdivision der deutschen Wehrmacht unter anderem in Polen, Frankreich, Belgien und die Sowjetunion ein und brachte Tod und Zerstörung.[65] Der verwelkte Blumenkranz darunter veranschaulicht den schwierigen Spagat des Friedhofs.

Dass am Volkstrauertag noch immer Fackeln geschwenkt und Blumenkränze

Denkmal für die deutschen Soldaten, die während des Zweiten Weltkriegs an der Ostfront gefallen sind.

Gedenktafel für die gefallenen Soldaten der 3. Panzerdivision Berlin-Brandenburg.

niedergelegt werden, sehen manche als Legitimierung militärischer Gewalt. 2016 beschmierten Unbekannte die Gedenktafel für die 3. Panzerdivision mit roter Farbe, an die Wände der Krypta malten sie den Slogan „Deutsche Täter sind keine Opfer".[66]

Doch die Lilienthalstraße ist längst nicht mehr die ausschließliche Domäne deutscher Soldaten oder Kriegsopfer.

2017 wurde der Friedhof um 1.600 neue Plätze für muslimische Gräber erweitert.[67]

Friedhof Lilienthalstraße

- Adresse: Lilienthalstraße 7 (Kreuzberg)
- Haltestelle: Südstern (U7)
- GPS: 52.486928°, 13.408424°

16

Eines der ersten Konzentrationslager

SA-Gefängnis Papestraße, 1933-1936

Zellentür im SA-Gefängnis in der Papestraße.

Der Gedenkort SA-Gefängnis Papestraße hat die zweifelhafte Ehre, eines der ersten Konzentrationslager des „Dritten Reiches" zu sein. Zwischen 1933 und 1936 wurden etwa zweitausend Menschen in den Kasernen der Eisenbahnregimenter der Anhalter Bahn eingesperrt und von der SA, Hitlers Schlägertruppe, gefoltert.

Die Namen der Eingesperrten verraten, wen die SA im Visier hatte. Erich Gentsch zum Beispiel. Er war Journalist bei der kommunistischen Zeitung Rote Fahne. Wilfried Israel besaß ein Berliner Kaufhaus. Er war nicht nur reich und jüdisch, sondern auch homosexuell.[68] Sowohl Gentsch als auch Israel kamen unversehrt aus den Folterkellern heraus, wurden aber in ihrem späteren Leben Opfer des „Dritten Reiches". Gentsch tauchte unter und verteilte während des Zweiten Weltkriegs Anti-Nazi-Flugblätter. Ein befreundeter Widerstandskämpfer verriet ihn jedoch. Gentsch wurde verhaftet und wegen Hochverrats zum Tode verurteilt.

Wilfried Israel wiederum setzte nach seiner Freilassung Himmel und Hölle in Bewegung, um Tausende von Juden aus den Krallen der Nazis zu retten, indem er Verhandlungen mit der Gestapo aufnahm.[69] Er selbst emigrierte nach London, starb jedoch 1943 bei einem Flugzeugabsturz nach einem Angriff deutscher Jagdflugzeuge.

Eines der anderen berühmten Opfer aus dem Gefängnis Papestraße war der jüdische Hellseher Erik Jan Hanussen, der über seine Erlebnisse nichts mehr berichten konnte. Er wurde am 23. März 1933 in Handschellen abgeführt und erschossen.

Förster fanden seine Leiche einen Monat später in einem Waldstück südlich von Berlin. Der Mord selbst blieb ungeklärt. Es gibt Hinweise, dass einige mit ihm befreundete hochrangige Nationalsozialisten ihn loswerden wollten, weil die Freundschaft mit einem Juden schmerzhafte politische Folgen hätte haben können.[70]

Achtzig Jahre nach der Eröffnung des SA-Gefängnisses hat sich die Haftanstalt zu einer bescheidenen Gedenkstätte ent-

wickelt. An den Wänden sind hinter einer schützenden Glasschicht noch die Spuren der hier Inhaftierten zu sehen. Um sich die Zeit zu vertreiben, fertigten die Häftlinge Zeichnungen an oder schrieben Texte und Daten an die Wände ihrer Zellen.

SA-Gefängnis Papestraße
- Adresse: Werner-Voß-Damm 54A
- Haltestelle: Südkreuz (S2, S25, S26, S41, S42, S45, S46 und S47)
- GPS: 52.475503°, 13.370090°
- Internet: www.gedenkort-papestrasse.de

In den Zellen sind noch Wandzeichnungen zu sehen.

17

Der Mythos einer Schlacht

Langemarckhalle, 1936

Westlich von Langemark, in der belgischen Region Flandern, durchbrachen im Ersten Weltkrieg junge Regimenter die Frontlinie der feindlichen Stellungen und skandierten „Deutschland, Deutschland über alles". Ungefähr zweitausend französische Soldaten wurden gefangen genommen und sechs Maschinengewehre erbeutet.

Mit dem Bericht, den die deutsche Heeresführung am 11. November 1914 in die Welt hinausschickte, war der Mythos Langemarck geboren.[71] Man nahm es jedoch mit der Wahrheit nicht so genau: Der Angriff fand viel näher beim nicht so gut klingenden Örtchen Bikschote statt. Und was noch schlimmer war: Es stellte sich heraus, dass bei den Kämpfen mindestens dreitausend Menschen getötet worden waren, darunter fünfhundert Rekruten. Die Siegeshymnen waren also die reinste Kriegspropaganda.[72]

Doch der Langemarck-Mythos wurde in Deutschland bald kultiviert. Er hob darauf ab, dass junge Freiwillige bereit waren, für das Vaterland zu sterben. Ab 1933 zog das „Dritte Reich" alle Register, um die Opferbereitschaft der jungen Garde noch stärker zu betonen.[73] Der Höhepunkt folgte 1936 im Vorfeld der Olympischen Sommerspiele in Berlin. Am Fuße des Glockenturms auf dem

Die Langemarckhalle erinnert an den „Heldentod" der deutschen Soldaten in Langemark, einem Ort bei Ypern in Belgien.

Olympiagelände entstand die Langemarckhalle, ein „Tempel" zum Gedenken an die jungen Kriegsfreiwilligen, die den Heldentod gestorben waren. Seine Säulen waren mit Regimentsfahnen behängt, ein Schrein war mit blutgetränkter Langemark-Erde gefüllt, während Fackeln ein skurriles Licht auf

Jahre später rollte die Wehrmacht über Belgien und Hitler war blitzschnell dabei, um den inzwischen symbolträchtigen Soldatenfriedhof in Langemark zu besuchen.

Im Zweiten Weltkrieg wurden die Langemarckhalle und der 77 Meter hohe Glockenturm schwer beschädigt und 1947 von britischen Ingenieuren gesprengt. In den 1960er-Jahren folgte der Aufbau einer Nachbildung nach den Originalplänen des Architekten Werner March. Die Olympiaglocke, die ehemals im First des Turms hing, hat jetzt ihren Platz an der Südseite des Olympiastadions.[76]

Die Skulptur „Rosseführer" blickt seit 1936 auf den Glockenturm.

die makabre Kulisse warfen.[74]

Bevor Adolf Hitler am 1. August 1936 die Olympischen Sommerspiele eröffnete, besuchte er zunächst die Langemarckhalle, um in Stille der „Helden" zu gedenken. Das war typisch für die Nebenrolle, die der Sport in der NS-Propaganda rund um die Spiele erfüllte. Danach schritt er mit SS-Männern und Hunderten von Soldaten im Gefolge über das Maifeld.[75] Vier

Olympiastadion Berlin
- Adresse: Olympischer Platz
- Haltestelle: Olympiastadion (S5 und U12)
- GPS: 52.513882°, 13.231518°

18

Giganten aus Beton

Flaktürme, 1940

In der Nacht vom 25. auf den 26. April 1940 wagte sich die britische Royal Air Force in die Höhle des Löwen und bombardierte die deutsche Hauptstadt Berlin. Adolf Hitler erschien der Gedanke unerträglich, dass ihm in seinem Hauptquartier Bomben auf den Kopf fallen könnten. Deshalb veranlasste er den Bau von drei Flaktürmen, unverwüstlichen Türmen mit meterdicken Mauern, die Berlin vor neuen Luftangriffen schützen sollten.

Im Berliner Zoo sowie in den Volksparks Humboldthain und Friedrichshain erhoben sich 1942 die verstärkten Kolosse aus dem Boden. Ein vierter Berliner Flakturm war im Volkspark Hasenheide zum Schutz der Südseite der Innenstadt geplant, aber aufgrund der Nähe zum Flughafen Tempelhof entschied man sich, dessen Verteidigung der Luftwaffe zu überlassen.

Die Dächer der Türme waren von Flugabwehrgeschützen gekrönt. Flak steht für Flugabwehrkanonen, daher der Name Flaktürme. Im Inneren konnten die Einheimischen bei Bombenangriffen Unterschlupf finden und es wurden Kunstschätze versteckt.[77]

Flakturm Humboldthain

Der Flakturm im Volkspark Humboldthain ist das am besten erhaltene Exemplar des Trios. Nach dem Zweiten Weltkrieg wurde er zwar gesprengt, aber die Ringstraße an seinem Fuß machte den Abriss der Nordflanke unmöglich. Die Betonscherben verschwanden unter einem Erd- und Schutthaufen, zusammen mit den Resten des ausgebrannten Turms der Himmelfahrtskirche.[78]

Über einen Pfad, der über dem Trümmerhaufen kreist, gelangt man auf die 42 Meter hohe Turmspitze. Der Verein Berliner Unterwelten hat Anfang dieses Jahrhunderts das Innere des Flakturms wieder zugänglich gemacht, damit man im Sommer einen Blick darauf werfen oder die Betonruine besteigen kann. In den Wintermonaten ist der Flakturm das exklusive Revier hunderter schlafender Fledermäuse.[79]

Berliner Unterwelten e. V.
- Adresse: Brunnenstraße 105
- Haltestelle: Gesundbrunnen (S1, S2, S25, S26, S41, S42 und U8)
- GPS: 52.54749943°, 13.38505446°
- Internet: www.berliner-unterwelten.de

Entlang der Ringstraße erhebt sich der 42 Meter hohe Flakturm. →

Flakturm Tiergarten

Wo heute Kamele und Nashörner den Berliner Zoo durchstreifen, stand der Flakturm Tiergarten, mehr als vierzig Meter hoch und mit seinen meterdicken Mauern nahezu unzerstörbar. Dies zeigte sich bereits bei der Befreiung Berlins. Als die Sowjetarmee den Turm mit schwerer Artillerie beschoss, hielt der Betonklotz stand.

Erst nach der Kapitulation konnte die Sowjetarmee die Festung einnehmen und die Militärführung in dem mit Kunstwerken und archäologischen Funden gefüllten Depot wühlen. Die geraubte Kunst, darunter ein Goldschatz aus der Bronzezeit und der Schatz des Priamos, wird immer noch in den Vitrinen des Puschkin-Museums in Moskau ausgestellt.[80]

Nach dem Zweiten Weltkrieg unternahm die britische Armee nicht weniger als drei Versuche, den Flakturm zu vernichten. Erst nachdem die Betonwände mit 35 Tonnen Dynamit vollgestopft waren, gab der Flakturm nach. Es ist die einzige Festung Berlins, die komplett von der Landkarte verschwand.[81]

Flakturm im Zoo, 1945.

Wer den Trümmerberg in Friedrichshain besteigt, kann noch eine Spur des Flakturms finden.

Kunstkatastrophe in Friedrichshain

Im grünen Volkspark Friedrichshain, dem ersten öffentlichen Park Berlins, stand nach dem Zweiten Weltkrieg kein Baum mehr. Auch hier hatte die Wehrmacht einen Flakturm errichtet, der bald zum Ziel von Angriffen alliierter Kampfflugzeuge wurde.

Dieser Flakturm beherbergte Bilder und Statuen aus der Berliner Gemäldegalerie. Mehr als vierhundert Gemälde gingen am 6. Mai 1945 bei einem bis heute ungeklärten Brand in Rauch auf. Unter den Kunstwerken befanden sich Gemälde von Caravaggio, Bruegel und van Dyck, Meisterwerke, die wir heute nur noch von Fotografien kennen.[82]

Genau wie die Befestigungsanlagen im Zoo und im Volkspark Humboldthain konnte auch dieser Betonklotz nicht einfach abgerissen werden. Die Rote Armee hat nur einen Teil sprengen können. Aus den Betonresten wurde ein Trümmerberg im Friedrichshain, auf den man heute klettern kann und der einen Blick auf die Ruine des Flakturms ermöglicht.

Volkspark Friedrichshain
- Adresse: Volkspark Friedrichshain
- Haltestelle: Am Friedrichshain (M4 und M8)
- GPS: 52.52639822°, 13.43214869°

„Welthauptstadt"

Adolf Hitler und sein Architekt Albert Speer entwarfen nicht nur Bunker und Konzentrationslager, zur gleichen Zeit träumten sie davon, Berlin in etwas völlig Neues zu verwandeln: die „Welthauptstadt Germania".

19

Versunkener Zylinder

Schwerbelastungskörper, 1941

1937 entfaltete Albert Speer seine Pläne für den Umbau Berlins zur Reichshauptstadt Germania. In seiner Fantasie wimmelte es im neuen Berlin von prunkvollen Baudenkmälern, die mit dem Größenwahn des „Dritten Reiches" Schritt hielten.

Stundenlang brüteten Hitler und Speer über Entwürfen, Modellen und Grundrissen für das neue Berlin. Quer durch die Stadt entwarfen sie einen neuen Stadtboulevard, die Nord-Süd-Achse, den ein zweihundert Meter breiter und hundert Meter hoher Triumphbogen krönen sollte.[83]

Nur der sandige Berliner Untergrund stand ihrem Traum im Weg. Um die Realisierbarkeit zu prüfen, wurde 1941 im Berliner Bezirk Tempelhof der Schwerbelastungskörper, ein 18 Meter hoher Zylinder mit einem Gewicht von 12.650 Tonnen, gegossen.

Diese Machbarkeitsstudie machte Hitler und Speer einen Strich durch die Rechnung. Der Betonkoloss war nach einem Jahr fast 20 Zentimeter eingesunken. Nicht aber der versunkene Zylinder, sondern der Untergang des „Dritten Reiches" läutete das Ende der Pläne zum Bau des Triumphbogens ein.

← Der 18 Meter hohe Zylinder, ein massiver Betonblock.

Der Sockel des Schwerbelastungskörpers hat mehrere Korridore.

Der Abriss des Schwerbelastungskörpers nach dem Krieg war leichter gesagt als getan. Eine sichere Sprengung des Betonblocks erwies sich als unmöglich, da er von Wohnblöcken umgeben war. Anstatt den Schwerbelastungskörper abzureißen, wurde er 1995 unter Denkmalschutz gestellt und später für Touristen zugänglich gemacht als einer der wenigen greifbaren Zeugen eines wahnsinnigen Experiments.

Schwerbelastungskörper
- Adresse: General-Pape-Straße 34A
- Haltestelle: Julius-Leber-Brücke (S1)
- GPS: 52.484046°, 13.371634°
- Internet:
  schwerbelastungskoerper.de

20

Mythos Germania

Modelle und Pläne

Skizzen des Triumphbogens (links) und der Volkshalle (rechts), die Adolf Hitler im Sinn hatte. Statt einer umgestalteten Hauptstadt endete Berlin 1945 als kahle Geisterstadt.

Die größenwahnsinnigen Pläne für die Verwandlung Berlins in die „Welthauptstadt Germania" werden in der unterirdischen Ausstellung „Mythos Germania" nahe dem U-Bahnhof Gesundbrunnen lebendig.

Ein eigens für den Film *Der Untergang* zusammengestelltes Modell veranschaulicht die Pläne für Germania. Blickfang sollte die 320 Meter hohe, überkuppelte Halle des Volkes in der Nähe des Reichstags werden, eine aufgeblasene Version des römischen Pantheons. Von der Halle sollte ein breiter Boulevard, der die Straße des 17. Juni nahe des heutigen Sowjetischen Ehrenmals überquerte, in den Süden der Stadt führen. Die Nord-Süd-Achse, zwischendrin mit einem Triumphbogen gekrönt, hätte am neu zu errichtenden Südbahnhof geendet.[84]

Von allen Plänen für Germania wurde nur wenig verwirklicht. Schließlich brauchte man ab 1939 alle Kapazitäten für den militärischen Kampf.

Berliner Unterwelten e.V.
- Adresse: Badstraße/ Ecke Behmstraße
- Haltestelle: Gesundbrunnen (U8)
- GPS: 52.54939142°, 13.38718414°
- Internet: www.berliner-unterwelten.de/mythos-germania

21

Das politische Herz des „Dritten Reiches"

Wilhelmstraße, 1933-1945

Heute ist die Wilhelmstraße eine bunte Mischung aus Parkplätzen, Büros und Wohnblöcken, aber schon der Name eines Pita-Ladens, „Döner Kebap am Regierungsviertel", verrät, dass hier einst das politische Herz Berlins war.

Ministerium für Luftfahrt

Bis 1945 löste der Name Wilhelmstraße die gleichen Assoziationen aus wie etwa die bekannten Straßen Rue de la Loi in Brüssel oder die Downing Street in London. Hier war das Regierungsviertel.

Reichsluftfahrtminister Hermann Göring wartete nicht auf die Pläne der „Welthauptstadt Germania" und ließ hier schon 1936 ein neues Ministeriumsgebäude errichten.

Der Komplex atmet die gleiche Atmosphäre wie der Flughafen Tempelhof und wurde vom selben Architekten, Ernst Sagebiel, entworfen. Der 250 Meter lange Kasten mit sieben Stockwerken und zehntausend Quadratmetern Fläche war auf Anhieb das größte Bürohochhaus der Stadt. Wie durch ein Wunder überstand Görings Ministerium den Zweiten Weltkrieg unbeschadet. Heute beherbergt das Gebäude das Bundesfinanzministerium.[85]

> **Bundesfinanzministerium**
> - Adresse: Wilhelmstraße 97
> - Haltestelle: Kochstraße (U6) oder Potsdamer Platz (S1, S2, S25, S26 und U2)
> - GPS: 52.508865°, 13.384616°

Kanzlei aus Marmor

1938 ließ Adolf Hitler an der Ecke Wilhelm- und Voßstraße eine nagelneue Reichskanzlei errichten, einen mehrere hundert Meter langen Palast. Die mit rotem Marmor verkleidete Galerie war doppelt so lang wie der Spiegelsaal von Schloss Versailles. Direkt gegenüber der Kanzlei hatte das Propagandaministerium von Joseph Goebbels seinen Sitz. Beide Gebäude wurden bei der Schlacht um Berlin so schwer zerbombt, dass nichts mehr von ihnen übrig blieb.[86] Wenigstens nicht oberirdisch.

Wenige Meter weiter, unter einem Parkplatz in der Gertrud-Kolmar-Straße, liegen die Reste des „Führerbunkers"

Das ehemalige Luftfahrtministerium, heute Bundesfinanzministerium, mit Resten der Berliner Mauer und der Topographie des Terrors im Vordergrund.

begraben, der durch einen Tunnel mit dem Kanzleramt verbunden war. Am 30. April 1945 erschoss Adolf Hitler seine Braut Eva Braun und danach sich selbst. Die DDR-Regierung zog alle Register, um den Bunker zu sprengen. Das erwies sich jedoch als Wunschdenken.[87] Der Komplex ist unverwüstlich und verschwand einfach unter einem Erdhügel. Seitdem hat das Sonnenlicht nur einmal den Bunker beschienen, und zwar, als dort Ende des 20. Jahrhunderts die Straße und ein Parkplatz gebaut wurden.[88]

Nur eine Informationstafel verrät, dass der Komplex dort unter der Erde begraben liegt. Um ihn nicht zu einem Wallfahrtsort für Neonazis zu machen, hat die Berliner Regierung vom Plan, den Bunker freizulegen, immer wieder Abstand genommen. Das hat jedoch vor einigen Jahren das Berlin Story Museum nicht davon abgehalten, eine Nachbildung von Hitlers Schreibtisch aus dem Bunker auszustellen. „Pure Show" war die bisher höflichste Kritik.[89]

„Führerbunker"
- Adresse: Gertrud-Kolmar-Straße 14
- Haltestelle: Mohrenstraße (U2)
- GPS: 52.5130385°, 13.3805878°

Beim Abriss des Gebäudes wurden die Schrägrohrsektionalkessel Baujahr 1938 der Firma Borsig aus den Kellern der Neuen Reichskanzlei gerettet und im Kesselhaus des Evangelischen Königin-Elisabeth-Krankenhauses untergebracht. Heute sind sie Teil einer Sammlung von drei aufeinanderfolgenden Kesselgenerationen, die im „Museum Kesselhaus Herberge" besichtigt werden können.[90]

Reichssicherheitshauptamt

In einer Seitenstraße der Wilhelmstraße, direkt gegenüber Görings Luftfahrtministerium, siedelten sich die Gestapo (die Geheime Staatspolizei) und die SS (eine paramilitärische Organisation der Nazis) an, zwei gefürchtete Terrororganisationen, bei denen Heinrich Himmler das Sagen hatte. Das Teufelsnest verschwand nach dem Zweiten Weltkrieg. Danach wurde die Einöde zu einem Sammelbecken für Kriegsschutt.

Zwischen den Haufen Geröll und Erde befand sich bis Mitte der 1980er-Jahre ein Autodrom, in dem viele West-Berliner zum ersten Mal hinter dem Steuer eines Autos saßen. Harry Troste betrieb das Fahrübungsgelände auf diesem für ihn nicht unbekannten Gebiet. Schließlich war er selbst als junger Knabe von der Gestapo verhört worden, nachdem er bei einem sexuellen Abenteuer mit einem seiner Kameraden aus der Hitlerjugend erwischt worden war.[91]

Freigelegte Gestapo-Gefängniszellen vor dem Martin-Gropius-Bau.

Die Tage des Autodroms waren jedoch gezählt.[92] Aus einem temporären Ausstellungsprojekt auf dem Gelände ging 1992 die Stiftung Topographie des Terrors hervor. Das bereits zu diesem Zeitpunkt geplante Dokumentationszentrum wurde 2010 eröffnet.

Die blockförmige Topographie des Terrors eröffnete 2010 ihre Türen.

Die Keller entlang der Niederkirchnerstraße, damals Prinz-Albrecht-Straße, zeigen die unterirdischen Zellen, in denen Regimegegner verhört und gefoltert wurden.[93] An die schweren Kämpfe während der Befreiung Berlins erinnern noch immer die Kugeleinschläge an der Fassade des Martin-Gropius-Baus.

Topographie des Terrors
- Adresse: Niederkirchnerstraße 8
- Haltestelle: Kochstraße (U6) oder Potsdamer Platz (S1, S2, S25, S26 und U2)
- GPS: 52.506752°, 13.383694°
- Internet: www.topographie.de

22

Prahlerei entlang der Ost-West-Achse

Denkmäler an der Straße des 17. Juni

Die Schöpfung der „Reichshauptstadt Germania" erforderte die Anlage neuer Straßen, die Errichtung neuer Wahrzeichen und die Entfernung alter Denkmäler. Spuren davon sind noch immer entlang der Ost-West-Achse zu finden.

Siegessäule, 1864

Die Siegessäule erinnerte in der zweiten Hälfte des 19. Jahrhunderts an drei preußische Militärerfolge. Mit ihren sechzig Metern Höhe überragte sie den Königsplatz, die weite Grasfläche vor dem Reichstag, heute Platz der Republik.

Das Denkmal wurde von den nationalsozialistischen Stadtplanern anderthalb Kilometer weiter an den Großen Stern versetzt. Direkt an der Ost-West-Achse, die Berlin durchqueren sollte, käme sie zur vollen Wirkung, so Albert Speer.

Aber dafür genügte es nicht, die Säule zu verlegen. Da das Denkmal für diese Stelle eine Nummer zu klein war, wurde es durch eine vierte Trommel um 6,5 Meter erhöht und die Säulenhalle angehoben. Bis heute steht die Siegessäule

Siegessäule
- Adresse: Großer Stern
- Haltestelle: Hansaplatz (U9)
- GPS: 52.514522°, 13.350121°

Die Siegessäule wurde vom Bildhauer Friedrich Drake mit einer Statue der römischen Siegesgöttin Victoria gekrönt.

Die auseinander geschobenen Kolonnaden des Charlottenburger Tors.

Direkt gegenüber dem Sowjetischen Ehrenmal in Tiergarten ist noch der Bordstein der geplanten Nord-Süd-Achse sichtbar.

in der Mitte des verkehrsreichen Großen Sterns.[94]

Die Ost-West-Achse selbst, die heutige Straße des 17. Juni, wurde Ende der 1930er-Jahre wie eine Ziehharmonika über die gesamte Breite ausgedehnt. Die Kolonnaden des Charlottenburger Tors, die die Straße flankierten, standen dabei jedoch im Weg. Das Denkmal wurde abgebaut und wenige Meter weiter wiederaufgebaut.

Ein Tunnel unter dem sowjetischem Denkmal

Wenn man weiter auf der Straße des 17. Juni in Richtung Brandenburger Tor fährt, kommt man an einem anderen Relikt der „Welthauptstadt" Berlin vorbei. Direkt am Schnittpunkt der geplanten Nord-Süd- mit der Ost-West-Achse steht seit 1945 das Sowjetische Ehrenmal. Hier sind oberirdisch noch die Randsteine sichtbar, die den ersten Metern der Nord-Süd-Achse folgten. Aber die auffälligsten Relikte liegen unter der Erde begraben.

Um Staus an der Kreuzung der beiden Boulevards zu vermeiden, hatten die Nazis einen mehrere Dutzend Meter langen Tunnel graben lassen, dessen Bau nach Beginn des Zweiten Weltkriegs nie beendet wurde. Da sein Abriss zu viel Geld kosten würde, wurde der Tunnel saniert, ist aber nicht öffentlich zugänglich.[95]

Schachtabdeckung auf dem Tunnel.

Sowjetisches Ehrenmal
- Adresse: Straße des 17. Juni
- Haltestelle: Brandenburger Tor (S1, S2, S25, S26 und U5)
- GPS: 52.5163183°, 13.3720399°

23

Stilvoll nach Berlin fliegen

Flughafen Tempelhof, 1939-2008

Schon 1923 gab es in Tempelhof regen Flugverkehr. Die Flughäfen von Paris, Amsterdam und London sahen neben der Zahl der Flugbewegungen in Berlin bald blass aus. Das Terminal wurde schnell eine Nummer zu klein.

Um mit den Besucherströmen Schritt halten zu können, vor allem aber um den Gästen einen unvergesslichen Empfang in der künftigen „Welthauptstadt Germania"zu bereiten, wurde der Architekt Ernst Sagebiel aufgefordert, ein neues Terminal zu entwerfen, das die Ansprüche des „Dritten Reichs" erfüllen sollte. Sagebiel hatte sich mit dem Entwurf des Luftfahrtministeriums von Hermann Göring bereits Sterne verdient, und für den Flughafen Tempelhof zog er jetzt alle Register.

Er entwarf eine zentrale Halle, von der sich zwei geschwungene Flügel ausbreiteten: die Flugzeughangars. Das Ensemble erstreckt sich über 1,2 Kilometer. An der Seite des Rollfelds wölbte sich eine Metallkonstruktion für parkende Flugzeuge, was die Reisenden trocken hielt.[96]

Dass es sich um ein echtes Nazigebäude handelte, wurde beim Besuch des Flughafens schnell klar. Auf den Fassaden hingen verschiedene Adlerreliefs.

Flugzeug und Helikopter auf dem Rollfeld von Tempelhof im Jahre 2006. Zwei Jahre später wurde der Flughafen endgültig geschlossen.

Der sogenannte Ehrensaal, in dem Statuen von Flugpionieren aufgestellt werden sollten. Das geplante Empfangsgebäude wurde jedoch nie fertiggestellt.

Der Adler war jahrhundertelang das Symbol kaiserlicher Macht in Deutschland und erhielt durch das Dritte Reich ein neues Gesicht. So hatte man ihm einen Eichenkranz mit Hakenkreuz zwischen die Krallen geschoben.[97]

Adlerkopf

Auf dem Dach des Empfangsgebäudes thronte eine circa sechs Meter hohe Skulptur des Staatssymbols. Die Statue wurde nach dem Krieg von ihrem Sockel gehoben und enthauptet. Der Adlerkopf tauchte später auf dem Platz vor dem Flughafen auf. Er teilte auch das Schicksal der anderen Adler-Skulpturen des Nazi-Regimes. Sie wurden zerstört oder verschwanden einfach von der Straße.[98]

Ehrensaal

Reisende, die den Flughafen betraten, würden sich im „Ehrensaal", dem großzügigen Empfangsbereich mit hohen Decken, unbedeutend fühlen. Weder der Flughafen selbst noch die Ehrenhalle wurden aufgrund des Ausbruchs des Zweiten Weltkriegs fertiggestellt. Die Naziführer hatten andere Sorgen, als Flughäfen umzubauen.[99] Es dauerte bis 1962, bis die zentrale Abflughalle fertiggestellt und der Öffentlichkeit zugänglich gemacht wurde. Zwischen der Eingangshalle im Erdgeschoss und dem

Der Adler, mit dem das Empfangsgebäude gekrönt war, wurde 1962 von den Amerikanern demontiert.

Übungsflugzeug der Feuerwehr.

Ehrensaal im Obergeschoss wurde ein zusätzliches Stockwerk eingezogen, sodass man die ursprüngliche Höhe nicht mehr sieht. Der Ehrensaal befindet sich noch im Rohbauzustand.

Luftbrücke

Nach dem Zweiten Weltkrieg wurde der Flughafen Tempelhof von den Amerikanern betrieben. Er spielte eine Hauptrolle während der Berlin-Blockade zwischen 1948 und 1949. Nachdem Stalin alle Land- und Wasserverbindungen nach Berlin geschlossen hatte, versorgten westliche Flugzeuge die Stadt Tag und Nacht mit Lebensmitteln, Medikamenten und Kleidung.[100] Das Denkmal auf dem Platz der Luftbrücke erinnert an dieses Ereignis.

Auch nach dem Mauerfall blieb Tempelhof ein wichtiger Flughafen. 1998 flogen drei Millionen Passagiere direkt nach Berlin, aber Tempelhof bekam immer mehr Konkurrenz. 1975 hatte West-Berlin bereits Berlin-Tegel eröffnet und im Osten lag der DDR-Flughafen Berlin-Schönefeld.

Drei Flughäfen waren selbst für Berlin zu viel des Guten. Tempelhof und später Berlin-Tegel mussten endgültig schließen. Am 25. Oktober 2008 landete der letzte internationale Liniendienst in Tempelhof, ein Flug der Brussels Airlines, fünf Tage später hob die letzte Maschine ab.[101]

Grillen

2010 verwandelte sich das Flughafengelände in einen weitläufigen Stadtpark, das Tempelhofer Feld. Heute rollen Radfahrer und Skater über die damaligen Start- und Landebahnen und Gruppen grillen im Gras.

Die Berliner haben den neuen Stadtpark schnell ins Herz geschlossen, wie auch der damalige Berliner Senat feststellen musste. Als Pläne zum Bau von fast 5.000 neuen Wohnungen an den Rändern des Feldes bekannt wurden, reagierten einige Berliner wie von der Wespe gestochen. 2014 forderte die Bürgerinitiative „100 % Tempelhofer Feld" eine Volksabstimmung über die Zukunft von Tempelhof. Der Senat erlebte sein blaues Wunder: Mehr als 65 Prozent der Teilnehmer lehnten die Pläne ab und so bleibt der Flughafen vorerst eine grüne Oase.[102]

Flughafen Tempelhof
- Adresse: Platz der Luftbrücke 5
- Haltestelle: Luftbrücke (U6)
- GPS: 52.4816630°, 13.3902700°
- Internet: www.thf-berlin.de

Auf Landebahn Nummer 27L deutet ein dickes Kreuz an, dass Flugzeuge hier nicht mehr willkommen sind.

24

Ein Hindernis für den neuen Boulevard

Alter St.-Matthäus-Kirchhof, 1856

Mausoleum der Bankiersfamilie Hansemann.

Wer eine neue Welthauptstadt bauen will, macht sich keine Gedanken um einen Friedhof. Für den Bau der Nord-Süd-Achse, einer großzügigen Flaniermeile quer durch Berlin, sollte alles weichen, auch die Toten.

Ende der 1930er-Jahre wurde deshalb ein Drittel der Gräber des Alten St.-Matthäus-Kirchhofs in Schöneberg geräumt. Mausoleen wurden bestenfalls anderswo wiederaufgebaut, Leichen ver-

legt und Hunderte von Gräbern aufgegraben.

Als der Zweite Weltkrieg ausbrach, wurden die Pläne für die Nord-Süd-Achse beiseite gelegt, während wertvolles kulturelles Erbe für immer verloren war.[103]

1944 geriet das Nazi-Regime erneut in Konflikt mit der Verwaltung dieses Kirchhofs. Claus Graf Schenk von Stauffenberg und andere Wider-

Denkmal für Claus Graf Schenk von Stauffenberg und seine Gefährten, die nach ihrem gescheiterten Attentat auf Adolf Hitler hier kurzfristig bestattet wurden.

standskämpfer wurden wegen ihrer Beteiligung an dem (gescheiterten) Attentat auf Adolf Hitler am 20. Juli 1944 zum Tode verurteilt und hier bestattet.

Das gefiel der SS nicht: Sie grub die Leichen aus, verbrannte sie und streute die Asche über die Berliner Rieselfelder. Heute erinnert ein Denkmal an die vorübergehende Ruhe, die die Verschwörer hier fanden.

Bis heute beherbergt der Alte St.-Matthäus-Kirchhof fünfzig Ehrengräber. Das markanteste davon ist der klassizistische Grabtempel der Familie Hansemann, renommierte Inhaber eines Bankhauses. Die berühmtesten Berliner, die dort ihre letzte Ruhe fanden, sind jedoch die Brüder Grimm, die Autoren von Märchen wie Aschenputtel, Schneewittchen oder Rumpelstilzchen.[104]

Die Grabsteine der Brüder Grimm.

Alter St.-Matthäus-Kirchhof
- Adresse: Großgörschenstraße 12–14
- Haltestelle: Yorckstraße (S2, S25, S26 und U7)
- GPS: 52.491205°, 13.367407°

25

Die nie gebaute Kurve

AVUS-Südkurve, 1940

Die südliche Ecke der AVUS-Rennstrecke, allerdings in Miniatur und von einer dicken Moosschicht bedeckt.

Die Nordkurve der AVUS auf einer Fotopostkarte aus dem Jahr 1938.

„In der Vergangenheit wurde der Lebensstandard einer Bevölkerung durch die Anzahl der Eisenbahnkilometer bestimmt, künftig werden die Kilometer der Autobahnen zum Maßstab."[105] Adolf Hitler machte aus seinen Ambitionen keinen Hehl, als er im Jahr 1933 den Bau der Reichsautobahnen ankündigte, ein Netz von Tausenden von Kilometern Fernverkehrsstraßen. In Hitlers Anwesenheit wurde an verschiedenen Orten in Deutschland die ersten Spatenstiche gesetzt.

Der Bau der Reichsautobahnen diente vor allem der NS-Propaganda, aber bis heute halten sich einige hartnäckige Mythen, wie die Behauptung, dass Hitler damit die himmelhohe Arbeitslosigkeit wegzauberte. Auf ihrem Höhepunkt jedoch arbeiteten insgesamt nur etwa

120.000 Arbeiter an den Autobahnen – und das unter erbärmlichen Bedingungen.[106]

Außerdem war die Autobahn keine Erfindung der Nazis: Bereits 1921 war nördlich von Berlin die AVUS eröffnet worden, eine über zwanzig Kilometer lange Renn- und Teststrecke. Die AVUS bestand aus zwei parallelen Fahrbahnen mit einer Haarnadelkurve an jedem Ende. Ab 1926 war sie Schauplatz des „Großen Preises von Deutschland für Automobile". Das Rennen wurde aber kein großer Erfolg, sondern war eher eine langweilige Sache: Die Piloten fuhren kilometerweit mit Vollgas und nahmen dann an jedem Ende der Geraden eine Kurve – das war's.

Um es für die Zuschauer spannender zu machen, wurde 1936 die Nordkurve

Relikte des Modells aus Beton im Maßstab 1:100 im Grunewald.

umgestaltet. Sie übertraf die Erwartungen. Mit 43 Grad Schräglage explodierten die Geschwindigkeiten dermaßen, dass die neue Kurve als zu gefährlich für die immer schneller werdenden Rennwagen galt.[107]

Für die Erbauer der Reichsautobahn war das überhaupt kein Problem, denn schließlich hatten sie mit der AVUS andere Pläne. Die Rennstrecke war das fehlende Bindeglied zwischen der Autobahn und dem Berliner Ring. Nach dem Abriss der südlichen Haarnadelkurve wurde die AVUS 1940 für den Autoverkehr geöffnet[108] Die Südkurve sollte an einer neuen Stelle nach dem Modell der Nordkurve nachgebaut werden. Ein Plan, der durch den Krieg verhindert wurde.

Da es damals üblich war, für Großbauten ein maßstabsgetreues Modell anzufertigen, wurde nahe der für den Neubau ausgewählten Stelle im Grunewald ein Modell im Maßstab 1:100 von etwa 25 Metern Länge errichtet. Das maßstabsgetreue Modell zerbröckelt seit mehr als achtzig Jahren unter dichtem Blätterwerk und einer Moosschicht.

Ein paar Dutzend Meter weiter findet man die Böschungen für die geplante Südkurve, die offenbar noch ausgegraben wurden. Auf Satellitenbildern kann man den Verlauf der Kurve perfekt verfolgen, auch wenn dort nie Autos gefahren sind. Als Berlin in den Kalten Krieg geriet, wurden die Hänge zur Schutzmauer für einen amerikanischen Schießplatz umfunktioniert.[109]

Modell Avus-Südkurve
- Adresse: Ecke Kronprinzessinnenweg/ Havelchaussee
- Haltestelle: Nikolassee (S1 und S7)
- GPS: 52.443729°, 13.201369°

Kalter Krieg in Berlin

Nach dem Zweiten Weltkrieg stand Berlin an der Front eines neuen Konflikts: zwischen den Westmächten unter Führung der USA und dem Ostblock unter Führung der Sowjetunion. West-Berlin war nach 1961 komplett von einer Mauer umgeben. Die militärische Drohung blieb über lange Zeit spürbar.

26

Versteckte Relikte der Teilung

Berliner Mauer, 1961-1989

In der Nacht vom 12. auf den 13. August 1961 begann der Bau der Berliner Mauer, die den Weg nach West-Berlin, einer Insel inmitten der kommunistischen DDR, versperren sollte, um die massenhafte Flucht in den Westen zu unterbinden.

Offiziell behauptete die SED-Führung, dass die Mauer den Osten vor dem westlichen Faschismus schützen sollte.

Die 168 Kilometer lange Mauer schottete West-Berlin total von der Außenwelt ab: 45,1 Kilometer trennten die beiden Stadthälften voneinander, die restlichen 112,7 Kilometer grenzten West-Berlin vom DDR-Umland ab.

West-Berlin, eine Enklave in der DDR, die vollständig ummauert war.

Am Anfang war die Mauer ein provisorisches Konstrukt aus Stacheldraht und Betonblöcken, die die Straßen versperrten, aber im Laufe der Jahre wurde die Grenze zu einer immer robusteren Barriere. Sie bestand aus der eigentlichen Mauer, die zuletzt aus bis zu vier Meter hohen Betonplatten zusammengefügt war. Dahinter gab es eine zweite Barriere, die Hinterlandmauer.

Zwischen den beiden Mauern lag ein hundert Meter breiter Todesstreifen, der nachts durchgängig mit Flutlicht ausgeleuchtet war. Keine einzige Bewegung blieb hier unbemerkt. Schritte in der geharkten Erde hätten jeden Fluchtversuch verraten, während Patrouillen mit Wachhunden mehrmals vorbeikamen.

Mehr als dreißig Jahre nach dem Mauerfall sind die meisten Spuren des Grenzgebiets verschwunden. An der Bernauer, der Niederkirchner- und der Liesenstraße findet man die berühmtesten Reste der eigentlichen Mauer. Von der Hinterlandmauer sind mehr Spuren erhalten geblieben, etwa die 1,3 Kilometer lange Strecke an der East Side Gallery oder der Teil im Mauerpark. An anderen Stellen findet man aber auch weniger bekannte Mauerstreifen.[110]

Hinterlandmauer im „Südpanke Park".

Unter Büschen begraben

An der Grenze zwischen den Bezirken Mitte und Wedding gab es jahrelang eine Brachfläche. Eigentlich hatte man die Absicht, hier eine Grünanlage zu gestalten, den „Südpanke Park". Auf die Dauer hatten die Anwohner das Warten satt und entschlossen sich, selbst die Ärmel hochzukrempeln. Zu ihrer großen Überraschung entdeckten sie an den Zäunen rund um den Park eine 40 Meter lange Hinterlandmauer, die jahrelang von Büschen und Bäumen verdeckt worden war.[111] Prompt wurde der Mauerrest, der parallel zur Berliner Mauer an der Ida-von-Arnim-Straße verlief, unter Denkmalschutz gestellt.[112] Auf den Betonplatten ragen drei Lichtmasten in die Höhe, die einst den Postenweg der „Grenzschützer" beleuchteten.

Mauerreste in der Nähe des ehemaligen Grenzübergangs Chausseestraße

- Adresse: Ida-von-Arnim-Straße
- Haltestelle:
  Schwartzkopffstraße (U6)
- GPS: 52.53612947°, 13.37385892°

Kriegsruinen als Grenzbarriere

Vor vier Jahren stieß der Hobbyhistoriker Christian Bormann am S-Bahnhof Schönholz auf eine 80 Meter lange Backsteinmauer, einen Rest der frühen Grenzbefestigung.[113] Als die DDR beschloss, die Grenzen zu schließen, mangelte es an Baumaterialien und so nutzte man auch bereits bestehende Mauern. An der Bernauer Straße war das die Umfriedung eines Friedhofs, an der Gartenstraße eine Mauer neben der Stettiner Bahn und hier in Schönholz die Wände kriegszerstörter Häuser an der Schützenstraße.

Die Fenster wurden zugemauert, und auf den Hauswänden, die nun als Grenze dienten, montierte man Stahlprofile, an denen Stacheldraht aufgehängt werden konnte. Dass diese Mauer im Nebel der Geschichte verschwand, lässt sich dadurch erklären, dass die spätere Version mit ihren Betonplatten etwas weiter entfernt lag.[114]

Frühe Grenzbefestigung in Schönholz.

Rest der frühen Grenzbefestigung

- Adresse: Buddestraße
- Haltestelle: Schönholz
  (S1, S25 und S26)
- GPS: 52.571793°, 13.381465°

27

Ältere Wachtürme

Berliner Mauer, 1961-1989

Von mehr als dreihundert Wachtürmen aus beobachteten DDR-Soldaten den Grenzstreifen auf der Suche nach DDR-Bürgern, die fliehen wollten. Nur eine Handvoll dieser Türme blieb stehen.

Wachturm der ehemaligen Führungsstelle Kieler Eck am Spandauer Schifffahrtskanal.

Das erste Maueropfer

Am Ende der Kieler Straße flankiert ein Wachturm mit quadratischem Grundriss den Berlin-Spandauer Schifffahrtskanal, ehemals eine natürliche Grenze der DDR. Dass er noch steht, wird Jürgen Litfin zugeschrieben: Sein 24-jähriger Bruder Günter versuchte am 24. August 1961, elf Tage nach dem Mauerbau, durch den Kanal schwimmend aus Ost-Berlin zu entkommen. Er hatte dabei nicht mit den Grenzschützern gerechnet. Sie eröffneten gnadenlos das Feuer auf den jungen Schwimmer, der seinen Verletzungen erlag. Litfin wurde das erste Todesopfer der Berliner Teilung, ein Drama mit dreihundert West-Berliner Zeugen.

Die staatliche Propaganda behauptete später, Litfins Homosexualität sei der Grund für seinen Fluchtversuch gewesen. So konnte man im „Neuen Deutschland", dem offiziellen Parteiorgan der SED, lesen, dass Litfin unter dem Namen Dolly der Prostitution nachgegangen sei und versucht habe, sich aus der DDR zu stehlen, weil er bei „Straftaten" erwischt worden sei und seine „Liebhaber" und „Kunden" verloren habe.[115]

Im ehemaligen Kommandoposten befindet sich seit 1992 die „Gedenkstätte Günter Litfin", für die sich sein Bruder Jürgen lange engagierte. Das Denkmal erinnert an Litfin und andere Opfer von Fluchtversuchen aus der DDR.[116]

Gedenkstätte Günter Litfin
- Adresse: Kieler Straße 2
- Haltestelle: Schwartzkopffstraße (U6)
- GPS: 52.53371154°, 13.36928844°
- Internet: gedenkstaette-guenter-litfin.de

Der mehr als 50 Jahre alte Wachturm am Ende der Erna-Berger-Straße.

Gefährdeter Wachturm

In der Nähe des Potsdamer Platzes versteckt sich zwischen den Wolkenkratzern ein Wachturm der ersten Generation. Von dem engen Aussichtspunkt auf einem Betonsockel behielten zwei DDR-Soldaten Tag und Nacht den Grenzstreifen in Richtung Brandenburger Tor im Auge. Zweihundert identische Türme verschwanden zusammen mit der Berliner Mauer von den Straßen, aber dieser konnte gerettet werden.

Ursprünglich stand er am Leipziger Platz, aber man versetzte ihn von dort wenige Meter weiter und baute ihn ein wenig versteckt in der Erna-Berger-Straße wieder auf. Obwohl er fünfzig Jahre überstanden hat und von einer privaten Initiative restauriert wurde, droht ihm der Abriss. Die Stiftung Berliner Mauer bemüht sich um seine Rettung

Wachturm
- Adresse: Erna-Berger-Straße
- Haltestelle: Potsdamer Platz (S1, S2, S25, S26 und U2)
- GPS: 52.5085410°, 13.3796650°

und will, dass er an seinen ursprünglichen Platz zurückkehrt.[117]

Schlesischer Busch

Dass die Puschkinallee bis 1989 ein Streifen Niemandsland war, ist noch von beiden Seiten der Straße aus zu erkennen. Auf der einen Seite erstrecken sich zig Meter der Hinterlandmauer, auf der anderen Seite verschanzt sich hinter Bäumen ein Wachturm im Park Schlesischer Busch. Das inzwischen aufgelöste „Museum für verbotene Kunst" setzte sich 1990 mit Erfolg für dessen Erhalt ein. Restaurierungsarbeiten verhinderten den weiteren Verfall. Heute beherbergt der Wachturm den „Verein Flutgraben e.V."[118]

DDR-Wachturm
Schlesischer Busch
- Adresse: Puschkinallee 55
- Haltestelle: Treptower Park (S8, S9, S41, S42 und S85)
- GPS: 52.49572189°, 13.45067739°

Der zehn Meter hohe Wachturm im Schlesischen Busch.

28

Abhorchen auf einem Trümmerhaufen

Abhöranlage Teufelsberg, 1955-1992

Hinter den riesigen Kugeln verbargen sich Radaranlagen, die nach dem Abzug der Amerikaner abgebaut wurden.

Oben auf dem Teufelsberg, dem künstlich aufgeschütteten Hügel am Rand des Grunewalds, ist es heute ruhig, sehr ruhig. Im Kalten Krieg war das mal anders. Da haben amerikanische Soldaten den militärischen Funkverkehr im Ostblock und Richtfunktelefonate von DDR-Funktionären im Umkreis von dreihundert Kilometern abgehört, aufgezeichnet und analysiert – ins Netz gingen ihnen dabei viele Gerüchte, aber auch echte Staatsgeheimnisse.

„Berlin ist der Hoden des Westens. Jedes Mal, wenn ich den Westen kreischen hören möchte, kneife ich zu." Diese Worte von Nikita Chruschtschow, dem sowjetischen Regierungschef, waren eindeutig: Die Spannung zwischen Ost und West konnte man Anfang der 1960er-Jahre kaum ertragen. Berlin lag an der Front des Kalten Kriegs.[119]

Noch 1945 hatten sich die Sieger des Zweiten Weltkriegs friedlich getroffen und im Potsdamer Abkommen die Aufteilung des besiegten Deutschlands in verschiedene Sektoren beschlossen. Schon bald dominierten aber die unterschiedlichen Interessen und die beiden Lager gingen sich bei fast allen Themen an die Gurgel. Die Einführung einer neuen deutschen Währung in Berlin brachte das Fass zum Überlaufen. Die Sowjetunion sperrte alle Zufahrtsstraßen nach West-Berlin, was die West-Alliierten dazu zwang, die Stadt zwischen 1948 und 1949 im Rahmen der Luftbrücke mit Flugzeugen zu versorgen. Mehr als zehn Jahre später wurde die Mauer gebaut. Um über das Geschehen im Osten

In den entkernten Räumen verraten nur die Kabel, dass sich hier einst eine High-Tech-Abhörstation befand.

auf dem Laufenden zu bleiben, hatte die US-Armee schon 1955 auf dem 80 Meter hohen Teufelsberg ihre Radarstation errichtet. Die „Berlin Field Station" (Feldstation Berlin), so der offizielle Name der Radarstation, wirkt mit ihren strahlend blauen Wänden und den weiß glänzenden Fußbällen wie die Kulisse eines Science-Fiction-Films. In Wirklichkeit tarnten die Kugeln auf den Dächern riesige Radargeräte. Die Geheimnisse, die sie enthüllten, blieben streng geheim. Die Arbeit dort war wie ein großes Puzzle organisiert, von dem jeder Mitarbeiter nur den Teil der Informationen erhielt, den er für seine Arbeit benötigte. Was man nicht kennt, kann man nicht weitergeben.

Eliteschule

Der Teufelsberg entstand aus den Trümmern, die die Bombenangriffe der Alliierten am Ende des Zweiten Weltkriegs hinterlassen hatten. Berlin weist nicht weniger als vierzehn solcher Trümmerberge auf.[120] Aber der Teufelsberg

Der Teufelsberg hatte fünf Antennenkuppeln, darunter diese beiden kleineren.

ragt nicht nur mit seiner Radarstation heraus. Unter den Trümmern liegen auch die Fundamente einer geplanten Eliteschule der Nazis begraben, die der militärischen Ausbildung dienen sollte. Sie wurde vom Stararchitekten Albert Speer entworfen, jedoch nie fertiggestellt.[121]

Riesenrad

Nach einigen Jahren stellte der Geheimdienst fest, dass die Radarsonden zu bestimmten Zeiten im Jahr deutlich bessere Funksignale empfingen. Der Grund dafür war das Riesenrad des alljährlich stattfindenden deutsch-amerikanischen Volksfests im Berliner Stadtteil Dahlem. Es entpuppte sich als zusätzliche Antenne. Von diesem Moment an blieb das Riesenrad länger stehen, Jahrmarkt hin oder her.[122]

Doppelagent

Trotz Fitnessstudio und Casino muss das Leben für die 1.500 Mitarbeiter alles andere als angenehm gewesen sein. Die bescheiden eingerichteten Gebäude hatten keine Fenster, die Soldaten arbeiteten in Schichten und für bescheidene Löhne. Einige waren daher empfänglich für verlockende Angebote von der anderen Seite.[123] Der amerikanische Offizier James Hall war eines dieser schwachen Geschöpfe. Zwischen 1983 und 1988 verkaufte er stapelweise geheime Informationen, die er als Analytiker auf dem Teufelsberg aufgetrieben hatte. Hall leitete der ostdeutschen Staatssicherheit unter anderem eine vollständige Liste aller Militärstandorte in West-Berlin und Westdeutschland weiter. Die Prahlerei mit seiner Rolle als Doppelagent brach ihm zuletzt das Genick: 1989 wurde er zu 40 Jahren Gefängnis verurteilt.[124]

Als die Berliner Mauer fiel, verlor die Radarstation ihre Funktion. 1992 verließen die letzten amerikanischen Militärangehörigen die Basis, nachdem sie die Radargeräte demontiert und alle Geheimnisse geschreddert hatten. Was bleibt, sind kilometerlange Kabel, hohle Radartürme und eine leere Kantine mit laminierten Wänden. Projektentwickler haben sich bisher an einer Umnutzung der Radarstation auf dem Teufelsberg

die Zähne ausgebissen, die Ruine hat sich nach Jahren des Leerstands zu einer Touristenattraktion entwickelt. Vielleicht entsteht hier aber auch bald etwas Neues.

Unwahrscheinlich ist dagegen, dass der amerikanische Geheimdienst große Teile seines Geheimarchivs des Kalten Kriegs freigeben wird.[125]

Teufelsberg
- Adresse: Teufelsseechaussee 10
- Haltestelle: Grunewald (S3, S5 und S7)
- GPS: 52.4972220°, 13.2411110°
- Internet: berliner-teufelsberg.com

Papierschredder haben alle Geheimnisse des Teufelsbergs verschlungen.

29

Verlegte Autobahn

Autobahn A115, 1940-1969

Das Viadukt der ehemaligen Stammbahn zwischen Potsdam und Berlin führt über die Autobahn A115.

Ein abgeholzter Streifen im Düppeler Forst, nur einen Meter breit, zeigt noch nach dreißig Jahren den Verlauf der Berliner Mauer, auch wenn die Absperrungen, Wachtürme und Grenzposten verschwunden sind. Im Übrigen ist der Wald eine Oase der Ruhe, vor allem, wenn man gerade aus dem Zentrum Berlins kommt.

Das war mal anders. Bis zum Bau der Berliner Mauer lärmten hier unterschiedliche Verkehrsmittel: Autos und Züge. Seit 1838 störten Dampflokomotiven die Stille, während sie über die Stammbahn zwischen Potsdam und

Berlin donnerten. Anfang des 20. Jahrhunderts verkehrte hier zusätzlich die Friedhofsbahn, eine S-Bahn-Linie, die den Bahnhof Wannsee mit Stahnsdorf verband. Nach dem Bau der Autobahn im Jahr 1940, der heutigen A115, die mitten durch den Wald führte, war es endgültig aus mit erholsamen Spaziergängen in der Natur. Erst der Bau der Berliner Mauer änderte die Situation erneut.[126]

Da die Autobahn mehrfach die Grenze zwischen West und Ost überquerte, bot sie zu viele Fluchtmöglichkeiten. Deshalb wurde die A115 verlegt und machte ab 1969 einen großen Bogen südlich der Grenzzone, einer Strecke, der man bis heute folgt, um nach Berlin reinzufahren. Der Asphalt des ehemaligen Abschnitts der A115 wurde zwar aufgebrochen, aber Spuren der alten Autobahn sind immer noch zu finden. Wenn man dem Pfad am Ende des Teerofendamms in westliche Richtung folgt, kommt man zu einem ersten Relikt der alten A115, einer heute nutzlosen Brückenanlage, auf der die Stammbahn die Autobahn überquerte. Die Stammbahn war bereits nach den schweren Kriegsschäden von der Bildfläche verschwunden.[127]

Checkpoint Bravo

Nicht nur die Berliner Mauer schnitt eine kahle Furche in den Wald, auch die Autobahn ist noch in der Landschaft erkennbar. Geht man weiter über die kahle Fläche, gelangt man zur Brücke, auf der die A115 früher den Teltowkanal überquerte. Der Kanal war nicht nur eine natürliche Barriere, sondern markierte auch die Grenze zwischen West-Berlin und der DDR, was man heute noch immer erkennen kann.

Oben auf der Brücke befand sich bis 1969 der alte Grenzkontrollpunkt Checkpoint Bravo. Zwischen Moos und Unkraut kann man hier heute noch Straßenmarkierungen aus dieser Zeit erkennen. Nach der Verlegung der A115 wurden die Brücke und der Kontrollpunkt nutzlos. Seit mehr als einem halben Jahrhundert fahren hier keine Autos, Busse oder Lastwagen mehr.

Der einstige Grenzkontrollpunkt Checkpoint Bravo.

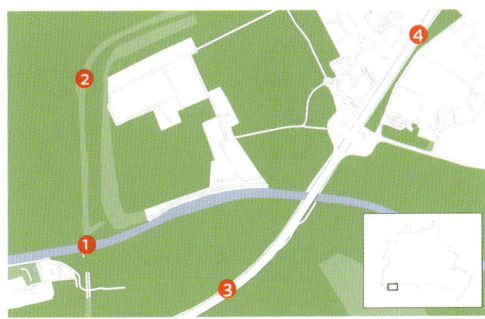

Der alte Checkpoint Bravo oben auf der Teltowkanalbrücke (1), die Brücke unter der Stammbahn (2), die neue Strecke der A115 (3), neben der Strecke der Grenzübergang Drewitz (4).

Ehemalige Autobahn
- Adresse: Teerofendamm
- Haltestelle: Berlin-Wannsee (S1 und S7)
- GPS: 52.403816°, 13.168064°

30

Verschwundener Grenzposten

Grenzkontrollpunkt Drewitz-Dreilinden, 1969-1993

Bis vor dreißig Jahren endete die westdeutsche Autobahn an der Grenze zur DDR. Wer gern mal ein Wochenende in Berlin verbrachte, musste zunächst den Grenzübergang Helmstedt-Marienborn überwinden. Dann kamen hundertfünfzig Kilometer Autobahn quer durch die DDR, die man auf keinen Fall verlassen durfte. Dieses Verbot wurde gut kontrolliert, an vielen Stellen entlang der Strecke hatten sich Staatssicherheit und Volkspolizei positioniert. Ein eifriger

Tankwart leistete wahrscheinlich für die Stasi „zusätzliche Arbeit".[128]

Nach einer Fahrt von etwa anderthalb Stunden erreichte man die Grenze zu West-Berlin, wo man erneut lange vor einer geschlossenen Schranke warten musste. Am Grenzübergang Drewitz-Dreilinden standen auf einer hundert Meter breiten Asphaltebene viele Zollhäuschen, in denen unzählige Grenzschützer die Aus- und Einreise kontrollierten.

Vom DDR-Kontrollpunkt Drewitz-Dreilinden blieb nur ein Wachturm übrig.

Autos und Mopedfahrer fahren 1985 in West-Berlin ein, nachdem sie den Kontrollpunkt passiert haben.

Flüchtlinge

Jeden Tag gab es endlose Staus am Grenzübergang. Neben der Passkontrolle wurden einzelne Autos, Busse und Lastwagen willkürlich auf den Kopf gestellt, um etwaige DDR-Flüchtlinge ertappen und festnehmen zu können. Außerdem wurde geprüft, ob man die Strecke in der vorgegebenen Zeit bewältigt hatte. Die Abfahrtszeit in Helmstedt-Marienborn wurde mit der Ankunftszeit in Drewitz-Dreilinden abgeglichen, um längere Aufenthalte aufzudecken.

Mitten in der Nacht zum Freitag, dem 10. November 1989, änderte sich alles. Nach der berühmten Pressekonferenz in Ost-Berlin zogen DDR-Bürger zu verschiedenen Grenzkontrollpunkten und forderten – erfolgreich – die Öffnung der Mauer. Drewitz-Dreilinden wurde bald nicht mehr gebraucht und zerfiel. Bis auf den Kommandoturm machte man die gesamte Anlage dem Erdboden gleich. Der Kontrast zu heute könnte nicht größer sein. Um den Wachturm haben sich die deutschen Zentralen von eBay und Paypal geschart, im Turm selbst ist eine bescheidene Ausstellung über den verschwundenen Grenzübergang zu besichtigen.[129]

Europark Dreilinden
- Adresse: Albert-Einstein-Ring 45a/Ecke Stahnsdorfer Damm
- Haltestelle: Berlin Wannsee (S1 und S7)
- GPS: 52.407413°, 13.19193°
- Internet: www.checkpoint-bravo.de

Spuren der DDR

Der nach dem Zweiten Weltkrieg von der Sowjetunion besetzte Osten Deutschlands wurde ab 1949 zur Deutschen Demokratischen Republik (DDR) mit Ost-Berlin als Hauptstadt. Der Fall der Berliner Mauer 1989 versetzte der DDR vierzig Jahre später den Todesstoß.

31

Märtyrer der DDR

Ernst-Thälmann-Denkmal, 1986

Drei Jahre vor dem Fall der Mauer wurde das Ernst-Thälmann-Denkmal eingeweiht.

Auf einem von Graffiti übersäten Sockel blickt der Kommunist Ernst Thälmann zuversichtlich in die Zukunft und hebt dabei tapfer die Faust. Die Bronzebüste hat den Zusammenbruch der DDR unbeschadet überstanden.

Während der Weimarer Republik war Thälmann Vorsitzender der Kommunistischen Partei Deutschlands. Bereits kurz nach der Machtübernahme der Nationalsozialisten kam er im März 1933 hinter Gitter. Nach elfjähriger

Haft wurde er 1944 im KZ Buchenwald mit persönlichen Grüßen Adolf Hitlers hingerichtet.[130] So wurde Thälmann für die DDR-Regierung zum perfekten Märtyrer.

Schon in den 1950er-Jahren plante man ein Thälmann-Denkmal direkt am Eingang von Hitlers ehemaliger Reichskanzlei. Zwanzig Jahre später aber war von solchen Plänen überhaupt keine Rede mehr. Erst anlässlich seines hundertsten Geburtstags im Jahr 1986 beschloss die DDR, den Ernst-Thälmann-Park mit einer vierzehn Meter hohen Thälmann-Statue als Blickfang anzulegen. Dass man dafür drei monumentale Gasometer aus dem ehemaligen Gaswerk Dimitroffstraße sprengen musste, war Nebensache.[131] Hunderte von Anwohnern jedoch richteten einen Protestbrief an die Regierung, während an Fassaden der Slogan „Gasometer sprengt man nicht!" zu lesen war.

Der Widerstand kam nicht nur von Studenten und Künstlern, sondern auch von Parteigenossen und Behörden. Der Staatsratsvorsitzende Erich Honecker ignorierte die Einwände und setzte die Stasi ein, um Protestler abzuschrecken und eine große Menschenansammlung während der Sprengung zu vermeiden. Dennoch gab es am 28. Juli 1984 einen Zustrom von Tausenden von Zuschauern, die den Untergang der drei Gasbehälter miterleben wollten.

Bei jedem Staatsbesuch aus einem sozialistischen Bruderland wurde am Denkmal von Ernst Thälmann ein Kranz niedergelegt. Unter anderem wurde auch Michail Gorbatschow von Honecker in den Ernst-Thälmann-Park geführt.

Das Monument blieb nach der Wende stehen, auch wenn es oft kritisiert wurde, weil es zu stark an die sozialistische Vergangenheit erinnerte. Mit dem russischen Einmarsch in die Ukraine geriet Thälmann im Frühjahr 2022 erneut unter Druck. Die CDU schlug nämlich vor, die Büste zu zerlegen, das Material zu verschmelzen und den Erlös der Ukraine zu spenden.[132] Die beiden Bronzetafeln mit sozialistischer Propaganda, die Thälmanns Büste flankierten, wurden in die Zitadelle Spandau verlegt, wo sie dem Kopf einer monumentalen Lenin-Statue Gesellschaft leisten. Die Thälmann-Statue selbst steht seit 2014 zusammen mit dem Ensemble aus Parkanlage und Wohnhäusern unter Denkmalschutz, weil sie eine „Leistungsschau des real existierenden Sozialismus" darstellen.[133]

Zwei Tafeln des Ernst-Thälmann-Denkmals sind heute in der Zitadelle Spandau ausgestellt.

Ernst-Thälmann-Park
- Adresse: Greifswalder Straße 52
- Haltestelle: Greifswalder Straße (S8, S41, S42 und S85)
- GPS: 52.53812962°, 13.43381702°

32

Ein Sockel im Wandel

Panzerdenkmal, 1945-1990

Im Sommer 1945, nur wenige Monate nach Kriegsende, ließ die Sowjetregierung ein Panzerdenkmal in der Nähe der AVUS errichten.

Anstelle eines Panzers wurde nach dem Zusammenbruch des Kommunismus ein rosa lackierter Schneepflug auf dem Sockel des Panzerdenkmals geparkt.

Auf einem Marmorsockel stand einer der Panzer, mit denen die Rote Armee Anfang 1945 in Berlin einmarschiert war. Nach der politischen Teilung Berlins 1948 stellte sich allerdings heraus, dass das Denkmal auf der falschen Seite der Grenze stand, nämlich im amerikanischen Sektor.

Schon bald kam es zu politischen Auseinandersetzungen, insbesondere als der russische Staats- und Parteichef Stalin West-Berlin durch die Blockade vom Rest der Welt abschnitt. Das Panzerdenkmal wurde mit Parolen gegen die Sowjets verunstaltet und es folgten Versuche, den Panzer niederzubrennen. Um die Lage zu beruhigen, stellten die Amerikaner einen Zaun um das Denkmal auf, denn die DDR weigerte sich, es an eine andere Stelle zu verlegen.

Erst 1955 fand das Denkmal einen neuen Platz in Ost-Berlin. 14 Jahre später zog es erneut um, nämlich an den neuen DDR-Grenzübergang Drewitz. Wer nach Berlin reinfuhr, sah den Panzer gleich hinter der Grenzkontrolle aufragen, das Kanonenrohr munter nach Westen gerichtet.

Der Zusammenbruch des Kommunismus hatte auch für dieses russische Denkmal Folgen. Ende 1990 demontierte die russische Armee das gepanzerte Fahrzeug. Auf Initiative des Berliner Aktionskünstlers Eckhardt Haisch wurde es durch einen rosa lackierten Schneepflug ersetzt. Mit der rosa Farbe wird an

Das Panzerdenkmal hinter der Berliner Mauer, um 1982

ähnliche Aktionen angeknüpft, die an die Aufstände gegen den Kommunismus 1989 erinnern.[134]

Wer das Denkmal aus der Nähe sehen möchte, folgt dem Stahnsdorfer Damm bis zur Brücke über der A115. Vor der Brücke muss man rechts in den Wanderweg parallel zur Autobahn einbiegen. Dort betritt man das Gebiet der ehemaligen DDR, was nicht zu übersehen ist, denn nach etwa einem halben Kilometer ist der Wald plötzlich erheblich gelichtet. Alte Fotos verraten, was hier los ist. Dies war ein breiter Streifen Niemandsland, eingeklemmt zwischen der Berliner Mauer auf der einen Seite und einem Zaun auf der anderen Seite. Etwas weiter steht der rosafarbene Pflug.[135]

Zum ehemaligen Panzerdenkmal
- Adresse: Neubauernsiedlung 5 (Kleinmachnow)
- Haltestelle: Heidefeld, Stahnsdorfer Damm (Bus 620)
- GPS: 52.411994°, 13.197842°

33

Eine Prise Moskau in Berlin

Bebauung am sozialistischen Prachtboulevard

Neoklassizistisch-stalinistische Architektur entlang der Frankfurter Allee.

Stalinallee, 1952

Zwischen Frankfurter Tor und Alexanderplatz erstreckt sich über eine Länge von mehr als zwei Kilometern eine Modellstadt der DDR. Hier entstanden keine gewöhnlichen Plattenbauten wie anderswo in Ost-Berlin, sondern stattliche Architektur, die vom Zeichenbrett des Architekten Hermann Henselmann stammte. Ausgangspunkt war das Frankfurter Tor, ursprünglich eines der vierzehn alten Stadttore rund um Berlin. Der neue Bau wurde von zwei Türmen gesäumt, wie man sie in Moskau erwarten würde.[136] Von dort führte die Stalinallee (heute: Karl-Marx-Allee) direkt ins Zentrum. Die Straße war nach dem Krieg total zerbombt, auf ihr waren 1945 die sowjetischen Panzer in die Berliner Innenstadt vorgedrungen.

Die Türme, die das Frankfurter Tor flankieren, sind seit Ende der 1950er-Jahre das Aushänge-schild des monumentalen sozialistischen Boulevards.

Der Boulevard wurde bis auf eine Breite von neunzig Metern gebracht und mit kunstvollen Laternen geschmückt. Dreihundert Meter lange Wohnblöcke, mit Kolonnaden ausgestattet, erhoben sich aus den Kriegstrümmern, die Fassaden mit Keramikornamenten verziert. Die Bauten gelten als Beispiele für neoklassizistische stalinistische Architektur. Die üppigen Fassadendekorationen haben wenig funktionalen Nutzen und erinnern an Schlagsahnehäubchen und Schokoladensplitter auf Torten. Daher auch der Spitzname „Zuckerbäckerstil".[137]

Die Straße war ein Prestigeprojekt der DDR, die mit ihren Arbeiterpalästen

Das Kino Kosmos ist mit Keramikfliesen verkleidet.

glänzen wollte. Jeder Arbeiter hoffte, hier eine Wohnung zu bekommen. Das erwies sich aber für die meisten als Utopie, denn dieser Luxus blieb vor allem SED-Genossen vorbehalten.[138] Heute ist Stalin von den Straßenschildern verschwunden und die große Achse heißt Frankfurter Allee, aber das tut der monumentalen Ausstattung im sozialistischen Klassizismus keinen Abbruch.

Lediglich das Kino Kosmos fällt etwas aus der Reihe. Kein Zuckerbäckerstil, sondern Spannbeton und Keramikfliesen kennzeichnen die futuristische Architektur. 1961 war es das modernste Kino der DDR.[139]

Ehemalige Stalinallee
- Adresse: Frankfurter Allee
- Haltestelle: Frankfurter Tor (U5)
- GPS: 52.5154468°, 13.4535508°

Eine Kolonnade zwischen den Wohnblöcken der Frankfurter Allee wird von einer Uhr gekrönt, die nach jahrelangem Stillstand im Jahre 2018 wieder die richtige Zeit anzeigt.

Eine Nachbildung des Sputnik-Satelliten auf dem Dach des Cafe Moskau.

Plattenbau-Mischung

Die Frankfurter Allee mündet in die Karl-Marx-Allee, die weiter zum Strausberger Platz führt, einem Kreisverkehr, der umgeben ist von Türmen, die wie Torwächter wirken. Von hier an geht es mit der Pracht der ambitionierten Architektur langsam aber sicher bergab. Die prestigeträchtigen Wohnblöcke an der Stalinallee hatten die DDR-Regierung sehr viel Geld gekostet und deshalb mussten die Bauten zwischen Strausberger Platz und Alexanderplatz merklich bescheidener bleiben. Es entstand eine Mischung aus Plattenbau, Geschäften, Bürogebäuden und Restaurants.

Ausnahmen bilden das Kino International und insbesondere das Café Moskau. Es war eines der sieben „Nationalitätenrestaurants", in denen man die Küche anderer Ostblockländer probieren konnte. Auf dem Dach dieses Cafés wurde eine lebensgroße Nachbildung des Sputniks montiert, des ersten Satelliten, den die Sowjets 1957 ins All schickten. Das war Sputnik-Ikonographie vom Feinsten, bekannt wie der Fernsehturm am Alexanderplatz.[140]

Kino International
- Adresse: Karl-Marx-Allee 33 und 34
- Haltestelle: Schillingstraße (U5)
- GPS: 52.5196078°, 13.4229406°

34

Ode an den Kommunismus

Haus der Statistik, 1968

Betonskelett des ehemaligen Hauses der Statistik.

Der Wind heult durch ein leeres Betonskelett, während Verkehrsgeräusche aus allen Richtungen der vielspurigen Straßenkreuzung nachhallen. Hier steht das „Haus der Statistik", das eigentlich aus drei Hochhäuser an der Ecke Karl-Marx-Allee und Otto-Braun-Straße besteht.

Das Wort „Haus" ist ohnehin eine Untertreibung. Die zwischen 1968 und 1970 errichteten Gebäude zählen elf Stockwerke und beinhalten fast hunderttausend Quadratmeter Bürofläche. Platz genug für die tausenden Beamten des Zentralamtes für Statistik.[141]

Das Haus der Statistik ist unkompliziert und ohne jede Spur des Zuckerbäckerstils aus der Frankfurter Allee gestaltet. Die einzigen Frivolitäten, die dieser Betonkoloss zulässt, sind eine dampfende Kaffeetasse auf einer Seitenwand und die rosafarbenen Vorsprünge zwischen den Fenstern, die an ein Tetris-Spiel erinnern. Aber der größte architektonische Aufwand befand sich im Inneren des Gebäudes, und zwar im Konferenzraum. Dort erstreckte sich ein elf Meter langes Wandgemälde, das „Lob des Kommunismus" von Ronald Paris.

Utopie

Auf der linken Seite der Wand stellen vom Mond beleuchtete Sklaven die kaltherzige Natur des Kapitalismus dar. Karl Liebknecht, der ermordete Mitbegründer der Kommunistischen Partei, steht im Mittelpunkt des Gemäldes und markiert den Wendepunkt zu einer neuen Utopie: dem Triumph des Sozialismus,

in dem das Leben unter strahlender Sonne blüht.[142]

Die Genossen des DDR-Regimes waren beim Anblick des Gemäldes nicht ganz zufrieden. Sie stellten eine Liste mit 24 Änderungswünschen zusammen, aber der Künstler ignorierte sie, und das Werk blieb wie es war.

Es ist nicht überraschend, dass das Gemälde nicht beliebt war. Eigentlich setzte es eine poetische Ode an den Kommunismus von Bertolt Brecht fort, von der Fragmente auf der Wand zu lesen sind. Besonders seine Schlusspassage, die nicht auf dem Bild zu lesen ist, konnte als versteckte Kritik an der kommunistischen Politik gelesen werden: „Es ist das Einfache, das schwer zu machen ist."[143]

Heute ist das Gebäude ein abgespecktes Beispiel der Nachkriegsmoderne.

Nach dem Mauerfall zogen Beamte des Statistischen Bundesamtes ein und versteckten das Gemälde hinter einem dicken Vorhang. Als sie 2008 das völlig baufällige Gebäude verlassen mussten, wurde die Wandmalerei demontiert. Heute hängt sie im DDR Museum, ein „einzigartiges Zeugnis der damaligen Zeit", so das Museum selbst, eine „Verherrlichung des Kommunismus", so die *Berliner Zeitung*.[144]

Perle aus Beton?

Das Haus der Statistik selbst schien unrühmlich unterzugehen. Es entsprach nicht mehr den heutigen Normen und zudem bedarf es viel Fantasie, um hier eine Perle der DDR-Architektur zu erkennen. Und doch: Seit 2015 schmiedet das „Modellprojekt Haus der Statistik" alternative Pläne, um den Turmkomplex vor dem Abriss zu bewahren.[145] Das Haus der Statistik wird saniert. Man will bezahlbare Wohnungen, Kulturinitiativen und Schulen unterbringen.[146]

Haus der Statistik
- Adresse: Ecke Grunerstraße/ Karl-Marx-Allee
- Haltestelle: Alexanderplatz (S3,S5,S7,S9, U2, U5 und U8)
- GPS: 52.52348691°, 13.41886639°
- Internet: hausderstatistik.org

↑   Blick auf den Innenhof von der Berolinastraße aus.
←   Neonschilder für das Mocca-Eck, eines der beiden Restaurants im Erdgeschoss.

35

Times Square in der DDR

Alexanderplatz, 1964

Das tägliche Leben in Ostdeutschland wird in dem Fries „Unser Leben" dargestellt.

Kaufhäuser, Kabaretts, Theater: Der Name „Alexanderplatz" war Anfang des 20. Jahrhunderts ein Synonym für Unterhaltung. Dass Alfred Döblin seinen Roman von 1929 nach dem Platz benannte, verstärkte den legendären Status des Alexanderplatzes zusätzlich. Doch nach dem Bombenregen während des Zweiten Weltkriegs war vom Trubel der Goldenen Zwanziger nicht mehr viel übrig.

Deshalb hatte die SED den Plan, dem Alexanderplatz ein sozialistisches Aussehen zu geben. An der Kreuzung von Karl-Marx-Allee und Otto-Braun-Straße, zwei Straßen, die am Alexanderplatz zusammentreffen, wurde an jeder Ecke ein massives Betonhochhaus gebaut.

In der Nähe wurden Hochhäuser wie das Haus der Statistik und das Haus des Reisens errichtet, am Alexanderplatz selbst erhob sich unter anderem das 125 Meter hohe Hotel „Stadt Berlin", das mit westlichem Flair warb.[147]

Mehr und mehr glich der Alexanderplatz dem Times Square in New York, nur fehlten hier die flackernden Neonschilder.

Unser Leben

Am Rande des Platzes entstand das Haus des Lehrers. In Bibliothek, Lesesaal und Restaurant konnten sich hier Lehrer aus dem In- und Ausland austauschen. Das Gebäude hat die Zeit besser überstanden als sein Nachbar, das Haus der Statistik. Heute wird es von Mitarbeitern der Fröbel-Gruppe genutzt, die Krippen, Kindergärten und Horte in Deutschland organisieren.

Der Turm repräsentiert auch die Ideale der DDR. Auf der Ebene des dritten und vierten Obergeschosses läuft wie ein Bauchband ein 127 Meter langer und sieben Meter hoher Fries um das Gebäude. Der Fries besteht aus 800.000 Mosaiksteinen. Er trägt den Titel „Unser Leben"und stellt den Alltag in Ostdeutschland dar. Es ist eines der flächenmäßig größten Kunstwerke Europas.[148]

Der „Schlussstein" des neuen, sozialistisch inspirierten Alexanderplatzes war die Urania-Weltzeituhr. Die Attraktion mit einem zehn Meter hohen zylindrischen Chronometer auf einer circa zweieinhalb Meter hohen Säule zeigt die aktuelle Uhrzeit von 146 verschiedenen Orten in der Welt. Darüber rotiert eine vereinfachte Darstellung des Sonnensystems mit Planeten.[149]

Von der Karl-Marx-Allee aus kann man das Haus des Lehrers, den Fernsehturm und das ehemalige Hotel „Stadt Berlin" sehen.

Alexanderplatz
- Adresse: Alexanderplatz
- Haltestelle: Alexanderplatz (S3, S5, S7,S9, U2, U5 und U8)
- GPS: 52.52116295°, 13.41330349°

Im Jahre 2021 wurde der 76 Meter lange Fries „Die Presse als Organisator" an der Fassade des Presse-Cafés wieder sichtbar gemacht.

36

Denkmalgeschichte

Leninmonument, 1970

Das hoch aufragende Denkmal aus rotem Granit zierte von 1970 bis 1991 den Leninplatz, der in Platz der Vereinten Nationen umbenannt wurde.

Wohnblöcke umgeben den Platz der Vereinten Nationen. Aber heute fehlt hier eine Person: Wladimir Iljitsch Lenin, der erste Regierungschef der Sowjetunion. Am 19. April 1970, genau hundert Jahre nach Lenins Geburt, enthüllte das DDR-Regime hier ein Denkmal zu Ehren des russischen Revolutionärs. Zugleich wurde der Platz in Leninplatz umbenannt, symbolisch für die damalige Freundschaft zwischen der DDR und der Sowjetunion.[150]

„Bilderstürmerei"

Obwohl die Statue aus rotem ukrainischem Granit für die Ewigkeit gebaut war, hielt sie nicht lange. Bereits zwei Jahre nach dem Fall der Berliner Mauer, 1991, wurde das neunzehn Meter hohe Denkmal entfernt, wenn auch nicht ohne Widerstand. Der Platz musste abgesperrt werden, um Demonstranten fernzuhalten. „Wir protestieren gegen die primitive Bilderstürmerei", stand dabei auf einem Plakat.[151]

Die Einwände stießen auf taube Ohren. Lenin wurde in 129 Teile zersägt und in einem Wald bei Berlin begraben. Die Entfernung des Denkmals hat sich dank des „Auftritts" von Lenins Kopf in dem tragikomischen Film *Good bye, Lenin* ins Gedächtnis eingebrannt.

Platz der Vereinten Nationen
- Adresse: Platz der Vereinten Nationen
- Haltestelle: Platz der Vereinten Nationen (M1, M2, M4, M5, M6, M8, M10 und M12)
- GPS: 52.52376108°, 13.43072175°

Aufgetaucht

Nach einem Vierteljahrhundert ist Lenins Kopf wiederaufgetaucht. 2009 reifte die Idee, die Statue auszugraben und auszustellen. Doch zunächst gab es noch einige Hürden: Nicht nur war eine Ausgrabung teuer, auch wusste niemand genau, wo Lenin begraben war. Zudem hatte die Skulptur keinen Denkmalwert mehr, da sie zerstört worden war.[152]

Nachdem alle beteiligten Stellen letztlich ihren Segen gegeben hatten, stellte sich heraus, dass der Ruheplatz von Lenins Kopf von Sandeidechsen wimmelte, einem Reptil, dessen Ruhe nicht gestört werden sollte. Dieser Fund brachte weitere Verzögerungen mit sich. Doch im September 2015 war es soweit: Lenins 3,5 Tonnen schwerer Granitkopf wurde ausgegraben und Anfang 2016 in die Zitadelle Spandau verlegt.[153] Als Besucher schaut man runter auf den großen Lenin von einst und man könnte ihm sogar übers Haar streicheln. Lenin ist hier nicht alleine. Die Ausstellung zeigt etwa hundert weitere Denkmäler, die im Laufe der Geschichte in Ungnade gefallen sind.[154]

Vor den hohen Wohntürmen, dem heutigen Platz der Vereinten Nationen, wo einst die Statue stand, hat man nun eine kunstvolle Konstruktion aus Natursteinen errichtet, zwischen denen Wasser emporsprudelt.

Zitadelle Spandau
- Adresse: Zitadelle Spandau, Am Juliusturm 64
- Haltestelle: Zitadelle (U7)
- GPS: 52.5416240°, 13.2136930°
- Internet: www.zitadelle-berlin.de

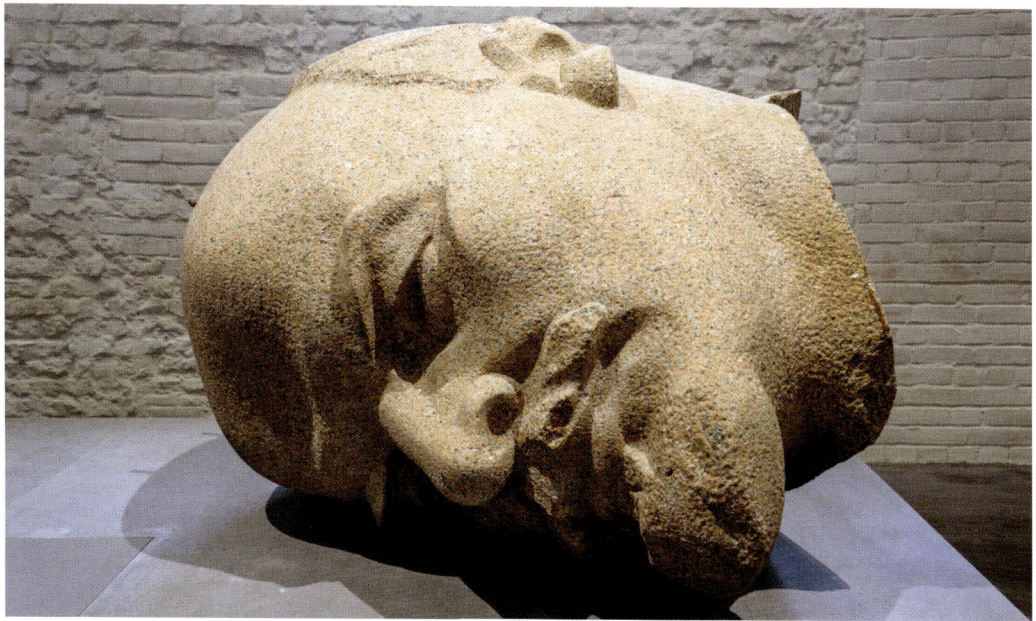

Der ausgegrabene Kopf Lenins liegt seit 2016 im Museum Zitadelle Spandau auf der Seite.

37

Kirchen im Kommunismus

Versöhnungskirche, 1892-1945

In der DDR gab es Religionsfreiheit, zumindest auf dem Papier, auch wenn die Stasi den Priestern und Rabbinern stets über die Schulter schaute. Das Regime versuchte zudem, die Menschen von den christlichen Kirchen zu entfrem-

Auf dem Domfriedhof an der Liesenstraße erstrahlt das goldgelbe sieben Meter hohe Kuppelkreuz des Berliner Doms. Es schmückte die Kuppel von 1981 bis 2006.

den, indem es 1952 die Jugendweihe als Alternative zu Firmung und Konfirmation einführte. Es war auch nicht mehr notwendig, kirchlich zu heiraten. Die Bemühungen waren von Erfolg gekrönt. Während sich 1950 noch 85 Prozent der ostdeutschen Bevölkerung als evangelisch bezeichneten, schrumpfte diese Zahl bis 1989 auf 25 Prozent – bei den Anhängern der katholischen Kirche ging der Wert von zehn auf fünf Prozent zurück.[155]

Berliner Dom

Nicht nur der Glaube war in der DDR nicht gern gesehen, auch das religiöse Kulturerbe wurde lange vernachlässigt. Darunter litt unter anderem der Berliner Dom. Die neobarocke Kirche war im Zweiten Weltkrieg stark beschädigt worden. Die Laterne auf der großen Kuppel war herabgedonnert, zwei Ecktürmen war die Kuppel weggebombt worden. Die DDR überließ die Kirche dreißig Jahre lang ihrem Schicksal. Wer

Berliner Dom
- Adresse: Am Lustgarten
- Haltestelle: Museuminsel (U5)
- GPS: 52.5193928°, 13.4000588°
- Internet: berlinderdom.de

Der eingestürzte Berliner Dom Anfang der 1970er-Jahre.

Mitten auf dem Todesstreifen stand die Versöhnungskirche, die trotz lautstarker westlicher Proteste gesprengt wurde.

einen Blick ins Innere warf, sah Berge von Stuck auf dem Boden. Erst 1975 begann der Wiederaufbau, wenn auch in stark abgespeckter Version. In den 1980er-Jahren wurde die Kuppel wieder mit einem Kreuz gekrönt, das knapp 25 Jahre später wegen Rostschäden ersetzt werden musste. Das ehemalige Kreuz wird heute auf dem Domfriedhof an der Liesenstraße ausgestellt.[156]

Versöhnungskirche

Das Schicksal der Versöhnungskirche übertrifft wirklich alles. Die Kirche mit ihrer 75 Meter hohen Turmspitze

Das Kreuz, das auf der Versöhnungskirche stand. Im Hintergrund die neue Kapelle der Versöhung entlang der Bernauer Straße.

stand nach dem Bau der Berliner Mauer direkt im Todesstreifen. Außer DDR-Grenzsoldaten, die den Turm als Wachturm nutzten, betrat niemand das Gotteshaus.

Die Versöhnungskirche wurde 1985 gesprengt, nach Angaben der Stiftung Berliner Mauer, um den DDR-Grenztruppen ein freies Sicht- und Schussfeld zu schaffen. Nach dem Mauerfall wurden entlang der Bernauer Straße die Fundamente der Kirche freigelegt und eine neue Kapelle der Versöhnung errichtet.

Kapelle der Versöhnung
- Adresse: Bernauer Straße 111
- Haltestelle: Bernauer Straße (U8)
- GPS: 52.5359105°, 13.3916579°
- Internet: gemeinde-versoehnung.de

38

DDR-Geburtstag an der Spree

Spreepark, 1969–2002

Oktober 1969. Die Deutsche Demokratische Republik feierte ihren zwanzigsten Geburtstag. Um den Feierlichkeiten etwas Glanz zu verleihen, eröffnete die kommunistische Regierung im Norden des Plänterwalds den VEB Kulturpark Berlin.[157] Der Rummelplatz wurde ein großer Erfolg: Jedes Jahr zog er mehr als eineinhalb Millionen Besucher an. Zum 40. Jahrestag der DDR wurde 1989

ein nagelneues Riesenrad errichtet, ein 45 Meter hoher, weithin sichtbarer Koloss.[158]

Der Spaß war jedoch nur von kurzer Dauer. Nach dem Mauerfall schloss der Park vorübergehend. Letztendlich bekam Norbert Witte grünes Licht, den Spreepark zu betreiben. Witte hatte sich in Hamburg als Schausteller einen Namen gemacht und pumpte nun Millionen

↑ Die Achterbahn Spreeblitz stürzt in einen Tunnel durch das weit geöffnete Maul eines bunten Tigers.

Anfang 2021 wurde das Riesenrad zerlegt. Nach einer Renovierung wird die Attraktion 2024 wieder aufgebaut. →

in den Ausbau des Spreeparks.[159] Er ließ mehrere Achterbahnen und neue Attraktionen aufstellen und baute eine Wildwasserbahn. Doch die Besucher blieben aus. Witte sah den Grund darin, dass der Berliner Senat zu wenig Parkplätze bereitgestellt hatte. Doch Kritiker meinten, dass er viel zu unüberlegt investiert hatte. Aus Geldmangel verkümmerte im Spreepark unter anderem eine Geisterbahn, die er beim Ausverkauf eines französischen Vergnügungsparks günstig erworben hatte.[160]

Nach Peru

Bis 2001 war Wittes Schuldenberg auf elf Millionen Euro angewachsen. Als der Spreepark dem Bankrott entgegen zu gehen drohte, beschloss Witte sich in die peruanische Hauptstadt Lima abzusetzen und dort einen neuen Vergnügungspark zu eröffnen: den Lunapark. In aller Eile brach er mit seiner Familie und zwanzig Containern voller Spreepark-Attraktionen, darunter der Fliegende Teppich und Teile einer Achterbahn, nach Peru auf.[161]

Kokain im fliegenden Teppich

Weil seine Container neun Monate lang vom peruanischen Zoll blockiert blieben, musste Witte neue Kredite von peruanischen Bekannten aufnehmen, die offenbar Verbindungen zur Drogenszene hatten. Zuletzt stand Witte mit dem Rücken zur Wand und ging auf ein unmoralisches Angebot ein: Wenn er 167 Kilogramm Kokain mit einem Marktwert von rund fünfzehn Millionen Euro nach Europa schmuggelte, würden ihm alle Schulden erlassen werden. Gesagt, getan. Das Zeug wurde im zwölf Meter langen Mast des fliegenden Teppichs versteckt und steuerte die Niederlande an.

Die Boote der „Canale Grande" verkommen auf dem Trockenen.

Die arbeitslosen Autos der „Chapeau Claque"-Attraktion.

Geheimagent

Was Witte nicht wusste, war, dass ein peruanischer Geheimagent in das Komplott verwickelt war. Der Plan musste also scheitern. Im November 2003 wurden die Drogen abgefangen und Wittes 23-jähriger Sohn wurde mit Handschellen abgeführt. Auch Vater Witte verschwand einige Jahre hinter Gittern, allerdings in Deutschland. Wittes Sohn musste den schwersten Preis dafür zahlen: 2006 wurde er in Peru zu zwanzig Jahren Gefängnis verurteilt, 2016 wurde er nach Deutschland ausgeliefert.

Unterdessen verfiel der Spreepark zunehmend. Seit der Insolvenz 2002 verwandelte er sich mehr und mehr in einen Geisterpark, ein Schandfleck mitten in Berlin.

Neueröffnung

Erst 2014 wendete sich das Blatt. Der Berliner Senat erwarb den Spreepark und will ihn nun zu einem Park umgestalten, mit Kunst, Kultur und Natur als Schwerpunkt. Die zerfallenen Attraktionen wurden abgeräumt. 2022 werden Teile des Areals für das Publikum geöffnet. Das sanierte Riesenrad, das Aushängeschild des Parks, soll 2024 wieder in Betrieb gehen und seine Runden drehen.[162]

Spreepark
- Adresse: Kiehnwerderallee 1–3
- Haltestelle: Treptower Park (S8, S9, S41, S42 und S85)
- GPS: 52.4845670°, 13.4867170°
- Internet: gruen-berlin.de/ projekte/parks/spreepark

Leben in West-Berlin

Wie sah das Leben in West-Berlin aus, einer Stadt, die fast dreißig Jahre lang eine kapitalistische Enklave in der kommunistischen DDR war?

39

Schwangere Auster

Haus der Kulturen der Welt, 1956

Das Haus der Kulturen der Welt vom Ufer der Spree aus.

Nicht nur die SED-Führung musste eine zerstörte Stadt von Null an wiederaufbauen, auch West-Berlin stand vor derselben Aufgabe. 1957 kam die westliche Antwort auf den Bau der Stalinallee im Osten Berlins: die Interbau. Dies war eine internationale Bauausstellung, bei der mehr als fünfzig Architekten ihre Vorschläge für den Wiederaufbau der Stadt und insbesondere des Hansaviertels präsentierten.[163] Am grünen Rand des Tiergartens entstand eine Mischung aus Hoch- und Flachbauten, ein Beispiel groß angelegter modernis-

tischer Sanierung durch renommierte Architekten wie Oscar Niemeyer, Walter Gropius und Alvar Aalto.

Wie mit erhobenem Zeigefinger Richtung DDR errichteten die Vereinigten Staaten für die Interbau nahe der Grenze zu Ost-Berlin eine Kongresshalle. Ihre Schalenform brachte ihr bald den Spitznamen „schwangere Auster" ein. Das weiße, gewölbte Dach überspannt den Zuschauerraum und reflektiert das Sonnenlicht in alle Richtungen, auch nach Osten. Der Architekt Hugh Stubbins gab offen seinen propagan-

Die eingestürzte Kongresshalle in den 1980er-Jahren.

Pergola zwischen Hansabibliothek (links) und dem Eingang zur U-Bahn (rechts) mit dem Turm der Kaiser-Friedrich-Gedächtniskirche im Hintergrund.

distischen Anspruch zu: Sein Ziel war ein „Leuchtfeuer der Freiheit, das seine Strahlen nach Osten ausstrahlt".[164]

1980 war davon nicht viel zu bemerken. Ein Teil des Daches donnerte wegen Materialermüdung herunter, woraufhin die Halle für mehrere Jahre ihre Türen schloss. Heute beherbergt die restaurierte Kongresshalle das Haus der Kulturen der Welt.[165]

Haus der Kulturen der Welt
- Adresse: John-Foster-Dulles-Allee 10
- Haltestelle Kongresshalle: Hauptbahnhof (S3, S5, S7, S9 und U5)
- Haltestelle Hansaviertel: Hansaplatz (U9)
- GPS: 52.5188129°, 13.3660345°

Das von Oscar Niemeyer entworfene Wohnhaus im Hansaviertel.

40

Der neue Westen

Kurfürstendamm, 1920

Während sich der Kiez rund um den Alexanderplatz nach der Teilung der Stadt zum Zentrum Ost-Berlins entwickelte, spielte sich im „Neuen Westen" in der Nähe des Zoologischen Gartens dasselbe Phänomen ab.

Die Turmruine der Kaiser-Wilhelm-Gedächtniskirche nach der letzten Sanierung von 2011 bis 2013.

Schon in der Zwischenkriegszeit war hier der Kurfürstendamm, kurz Kudamm, als Einkaufsstraße auf dem Vormarsch und konkurrierte mit dem Boulevard Unter den Linden im Osten. Nach der Teilung wurde der Kudamm zum Zentrum West-Berlins, obwohl noch Trümmer beseitigt werden mussten.

Lippenstift und Puderdose

Ein Bombenangriff hatte 1943 die Kaiser-Wilhelm-Gedächtniskirche stark zerstört, der Turm war schwer beschädigt und das Kirchenschiff stand kurz vor dem Einsturz. Architekt Egon Eiermann wollte Tabula rasa machen und den lädierten Kirchturm abreißen. Dieses Schicksal drohte auch anderen Kriegsruinen wie dem historischen Stadtschloss im Ostteil der Stadt. Eiermanns Pläne erregten jedoch so viel Protest, dass er nachgeben musste. Die Turm-Ruine blieb als Mahnmal gegen den Krieg erhalten. Neben dem Turmstumpf ließ der Architekt einen neuen Glockenturm und ein großzügiges, achteckiges Kirchenschiff bauen. Wegen ihrer Form bekamen sie bei manchen bald den Spitznamen „Lippenstift und Puderdose".[166]

Der Bau des Zentrums am Zoo (mit dem heutigen Bikini-Haus und dem Kino

Anfang der 1960er-Jahre begann der Bau des Europa-Centers, heute steht es unter Denkmalschutz.

Zoo Palast) gab in den 1950er-Jahren den Startschuss für die Umgestaltung der West-Berliner City rund um den Kudamm. Wie die Stadtplaner, die die Stalinallee in Ost-Berlin neu bebauten, zogen auch die westlichen Kollegen alle Register, um das Zentrum ihrer Stadthälfte zum Leuchten zu bringen.

Schaukasten

Anstatt sozialistische Ideale auszustrahlen, sollte der neue Boulevard ein Schaufenster des Wirtschaftswunders werden, das sich im kapitalistischen Deutschland abspielte. An jeder Straßenecke entstanden neue Bürogebäude, wie das Kudamm-Karree-Hochhaus, das dem Zeitgeist entsprechend mit einem Atomschutzbunker

ausgestattet war. Das 86 Meter hohe Europa-Center am Breitscheidplatz wurde von einem sich drehenden, leuchtenden Mercedes-Stern gekrönt, der auch in Ost-Berlin zu sehen war. Ein unerreichbarer Traum für Trabi-Fahrer.

KaDeWe

Das Aushängeschild des neuen West-Berlin wurde das Kaufhaus des Westen, das KaDeWe. Bereits Anfang des 20. Jahrhunderts eröffnet, wurde es 1978 erheblich erweitert, sodass es fortan in einem Atemzug mit der Galeries Lafayette in Paris oder Harrods in London genannt wurde. Das KaDeWe wurde zum Symbol des freien Westens. Nach dem Fall der Berliner Mauer empfing das Kaufhaus täglich 200.000 Besucher, darunter viele Ost-Berliner Kunden, die es seit 1961 vermissen mussten und jetzt umso begieriger hierher strömten.[167]

Mit dem Alexanderplatz als Vorbild wurde auch der Kudamm mit Denkmälern, Zeitmessern in allen möglichen Formen und Größen und einem Wasserspektakel geschmückt. Als Pendant zum „Brunnen der Völkerfreundschaft" in Ost-Berlin entstand 1983 auf dem Breitscheidplatz der Weltkugelbrunnen, ein Brunnen in Form einer Granitkugel.

Aber West-Berlin hielt mit der Prunksucht der DDR nie ganz mit. Auf jeden Fall waren die Denkmäler hier stets deutlicher als die sozialistisch orientierten Gedenkstätten in Ost-Berlin. Ein Beispiel? Anlässlich des 750-jähri-

Im Sommer 1983 wurde der Weltkugelbrunnen eingeweiht. Die Berliner nannten ihn bald „Wasserklops".

gen Geburtstags von Berlin wurde 1987 in West-Berlin ein Skulpturenboulevard mit sieben monumentalen Kunstwerken geschaffen. Als die Skulpturen jedoch nacheinander auf den Straßen auftauchten, schlug die Feststimmung

Skulptur „Berlin" auf dem Mittelstreifen der Tauentzienstraße.

Die letzte Verkehrskontrollturm in Berlin.

bald in Entsetzen um. Die temporären Installationen, wie zwei in Beton gegossene Cadillacs, ein Turm mit Absperrungen und eine Metallskulptur, die mit Spaghettistreifen verglichen wurde, fanden keine Gnade in den Augen des Publikums.[168]

Drei Werke überlebten den Zorn

Kino Zoo Palast auf dem Gelände des ehemaligen Ufa-Palastes am Zoo. Hier wurde am 10. Januar 1927 der Film *Metropolis* uraufgeführt. 1941 zerstörten Bombenangriffe das ehemalige Kino.

der West-Berliner, unter anderem die Spaghetti-Skulptur „Berlin" von Brigitte und Martin Matschinsky-Denninghoff. Ihre Skulptur zeigt zwei gebrochene Glieder einer Kette, die eine geteilte Stadt symbolisieren, deren Teile dennoch zusammengehören.[169]

Berlins letzter Kontrollturm steht an der Ecke Kurfürstendamm/Joachimsthaler Straße. In der gläsernen Kanzel in 4,5 Metern Höhe wurden bis 1962 die Ampeln an der belebten Kreuzung manuell von einem Polizisten geschaltet.

Rund um den Breitscheidtplatz
- Adresse: Kurfürstendamm
- Haltestelle: Zoologischer Garten (S3, S5, S7, S9, U2, U3 und U9)
- GPS: 52.5046604°, 13.3354307°

41

Eine Uhr ohne Zeiger

Mengenlehreuhr, 1975

1969 baute die DDR auf dem Alexanderplatz die Urania-Weltzeituhr, die die Zeit an 146 verschiedenen Orten der Welt anzeigt. Das westliche Gegenstück entstand sechs Jahre später auf dem Kurfürstendamm, im Zentrum West-Berlins. 1975 ließ Erfinder Dieter Binninger dort im Auftrag des Berliner Senats seine „Mengenlehreuhr" errichten. Dieser ungewöhnliche Zeitmesser zeigt die Zeit nicht mit Zeigern oder Zahlen an, sondern mit Hilfe farbig leuchtender Blöcke. Mit der Mengenleh-

re aus dem Mathematikunterricht hat die Uhr wenig zu tun, aber es braucht etwas Übung, um das Ablesen der Uhrzeit zu lernen. Das Blinklicht zeigt die Sekunden, die oberen beiden Reihen zeigen die Stunden, die unteren Reihen zeigen die Minuten.[170]

Neben der schlechten Ablesbarkeit hatte die Uhr den Nachteil, dass sie sehr viel Wartung brauchte. Die mehr als hundert Glühbirnen, die nötig waren, um die Uhrzeit anzuzeigen, mussten ständig ausgetauscht werden. Die

Erschütterungen durch den Verkehr auf dem Kudamm verkürzten die Lebensdauer der Glühbirnen auf weniger als tausend Stunden, gut einen Monat.[171]

Mehrmals im Jahr konnten die West-Berliner deshalb zusehen, wie Binninger die Lampen seiner Mengenlehre-Uhr von einer Hebebühne aus ersetzte. Er überlegte sich eine neue Lösung und entwarf eine langlebige Lampe, die mehr als ein Jahr halten sollte. Leider konnte ihm seine Erfindung nicht allzu lange Freude bereiten. Ein Flugzeugabsturz im Jahr 1991 setzte seinem Leben und der Mengenlehre-Uhr am Kudamm ein frühes, wenngleich nur vorläufiges Ende. Weil weder Binningers Witwe noch der Senat die Wartungskosten für den Chronometer weiter zahlen wollten, wurde die Uhr 1995 stillgelegt und verlor ihren prominenten Platz auf dem Mittelstreifen des Kudamms. Ein Jahr später wurde sie in einer Ecke des Europa-Centers wieder aufgebaut. Bis heute steht sie da und blinkt.

Europa-Center
- Adresse: Budapester Straße 45
- Haltestelle: Zoologischer Garten (S3, S5, S7, S9, U2, U3 und U9)
- GPS: 52.504936°, 13.338515°

Schlüssel zu einem Geheimnis?

Ist die Mengenlehreuhr das fehlende Teil eines Puzzles, um einen unknackbaren Code zu entschlüsseln? Die Skulptur „Kryptos" von Jim Sanborn steht seit 1990 vor dem Büro der Central Intelligence Agency (CIA) im US-Bundesstaat Virginia.

Die Kupferplatten zeigen vier verschlüsselte Nachrichten, von denen drei bereits geknackt wurden. Der vierte Code, der aus 97 Buchstaben besteht, ist Kryptoanalytikern jedoch seit mehr als dreißig Jahren ein Rätsel. Sanborn hat 2014 einige Wörter preisgegeben, die der Code enthält, darunter „Berlin" und „Uhr".

Gegenüber dem US-amerikanischen Technologie Magazin *Wired* sagte der Künstler, dass ihn die Uhren Berlins, insbesondere die Mengenlehreuhr, schon immer fasziniert hätten.[172] Ob Sanborn Sand in die Augen streuen wollte oder ob er sich tatsächlich auf diese Uhr verlassen hat, um seine Nachricht zu verschlüsseln, bleibt ein Rätsel, bis der Code geknackt ist.

← Das Ablesen der Uhrzeit auf der Mengenlehreuhr erfordert etwas Übung. Auf diesem Bild ist es 13:34 Uhr.

42

Popkultur an der Autobahn

Tankstelle Dreilinden, 1968–1989

Anfang der 1970er-Jahre entwarf der Berliner Architekt Rainer Rümmler die farbenfrohe Tankstelle Dreilinden. Wer die DDR-Grenzkontrolle in Drewitz-Dreilinden überstanden hatte, konnte hier tanken und eine Kleinigkeit essen. Der Kontrast zur ostdeutschen Kontrollstelle hätte kaum größer sein können. Im Gegensatz zu den grauen Betonwachtürmen, Stacheldrahtzäunen und barschen Grenzwächtern wirkte der Autobahnparkplatz Dreilinden wie eine Spielzeugwelt. Der Anblick des knallroten Restaurants mit blauem Türmchen und gelben Jalousien war nach der Fahrt durch die trostlose DDR eine willkommene Abwechslung.

Auch die Tankstellen auf beiden Seiten der Autobahn fielen ins Auge: Ihre roten Dächer ruhen auf von kreisrunden Löchern versehenen Pfeilern, durch die sich in der Mitte ein leuchtend gelbes Rohr zwängt. In die beiden Enden des Rohrs sind Uhren integriert, aber die Zeit ist hier seit Jahren stehen geblieben. Die große Masse der Autofahrer fand eigentlich nie den Weg zur Tankstelle Dreilinden und die deutsche Wieder-

Laut *Der Spiegel* Deutschlands berühmteste Raststätte: die Tankstelle an der A115.[174]

Riesige Ziffern schmücken die Uhren an beiden Enden der Tankstelle.

vereinigung führte zu ihrer unwiderruflichen Schließung.[173]

Mit seinen bunten Farben und auffallenden Formen repräsentiert der ehemalige Autobahnparkplatz die Popkultur der 1970er-Jahre. Wer noch mehr bunte Exzesse entdecken möchte, sollte am U-Bahnhof Fehrbelliner Platz aussteigen – der wurde ebenfalls von Rümmler gestaltet und ist eine fast identische Kopie der Dreilinden-Tankstelle.

Tankstelle Dreilinden
- Adresse: A115 (nicht Ausfahrt Steglitz nehmen, sondern direkt hinter der Ausfahrt abbiegen)
- Haltestelle: Berlin-Wannsee (S1 und S7)
- GPS: 52.419251°, 13.196854°

43

Das französische Herz Berlins

Cité Foch, 1952–2006

Getränkemarkt im Einkaufszentrum.

Avenue Charles de Gaulle. Rue Racine. Rue Diderot. Rue Montesquieu. Die französischen Straßennamen im Berliner Stadtteil Wittenau verraten, dass Frankreich neben Großbritannien, den USA und der Sowjetunion als eine der alliierten Besatzungsmacht im Berliner Flickenteppich auch etwas zu sagen hatte.

In Wittenau ließ sich der französische Geheimdienst nieder, im Sog folgten Hunderte von französischen Mitarbeitern und deren Familien. Untergebracht wurden sie in einer eigenen Siedlung, der Cité Foch, deren Einkaufszentrum mit Kino, Kulturzentrum und Krankenstation das Herz dieses neuen Viertels bildete.

Nach dem Fall der Berliner Mauer zogen die Franzosen nach Hause und das Schicksal des Kaufhauses an der Avenue Charles de Gaulle war besiegelt. Ab 2006 stand es leer und zehn Jahre später wurde es dem Erdboden gleichgemacht. Auch das Wohngebiet drohte, sich in eine Geisterstadt zu verwandeln. Die französischen Wohnungen zeigten sich wegen ihrer großen Salons und separaten Toiletten als unvermietbar, es waren ungewöhnliche Entwürfe, die nicht dem spartanisch-deutschen Geschmack entsprachen.[175]

Die Cité Foch hat sich ein Vierteljahrhundert nach dem Abzug der Franzosen

Cité Foch
- Adresse: Avenue Charles de Gaulle 10
- Haltestelle: Waidmannslust (S1, S25 und S26)
- GPS: 52.602715°, 13.320858°

Nach der Schließung des Kaufhauses wurden Laternen und Fenster entlang der Esplanade in Scherben geschlagen.

allmählich wieder geordnet. Auf dem Gelände des Einkaufszentrums entstehen 400 neue Wohnungen, und indem man die französischen Wohnblocks nach deutschem Geschmack renovierte, konnten neue Bewohner angezogen und der Exodus verhindert werden.

Mit seinen abgerundeten Ecken und orangenen Farben sah das Kaufhaus aus den 1970er-Jahren aus, als wäre es einem Abba-Videoclip entsprungen.

44

Verbindungen ohne Anschluss

Brücken-Relikte

Mit seinen 960 Brücken liegt Berlin auf Platz vier der europäischen Städte mit den meisten Brücken.[177] Das bedeutet aber nicht, dass man unter oder über jede Brücke fahren kann.

Nutzlose Brücke

Unter der Friedrich-Gerlach-Brücke rasen keine Autos, Busse oder Lastwagen. Statt Asphalt gibt es eine Grasfläche. Entlang der Leitplanken wachsen Bäume und Sträucher. Als unbeabsichtigter Beitrag zur ökologischen Verkehrswende wird die A103 hier in eine Sackgasse geführt – ein nutzloses Bauwerk, das die West-Berliner Entwickler in den 1970er-Jahren überfordert hatte.

Man hatte damals die Absicht, das südliche Zehlendorf über die Autobahn A103 mit dem nördlichen Wedding zu verbinden. Karten lassen deutlich erkennen, wie die Autobahn über die Yorckstraße, den Potsdamer Platz und durch einen Tunnel unter dem Tiergar-

Die A113 endet auf einem Gras- und Baumstreifen unter der nutzlosen Friedrich-Gerlach-Brücke.

ten durch die Stadt führen sollte. Der Bau der ersten vier Kilometer verlief reibungslos. Doch dann regte sich die Bürgerinitiative Westtangente. Sie organisierte Fahrradkundgebungen, sammelte Unterschriften und organisierte ein Picknick an einem der geplanten Autobahnkreuze, um auf den Mangel an Grün in der Stadt aufmerksam zu machen. Die Arbeiten kamen zum Erliegen.[176]

Am Sachsendamm hingegen hatte man bereits Anfang der 1970er-Jahre mit dem Bau der Friedrich-Gerlach-Brücke begonnen, die sich über die neue Autobahn spannen sollte. An diesem nutzlosen Brückenkomplex endet die A103 nun in einer Sackgasse, der Verkehr verlässt die Autobahn über Ein- und Ausfahrten.

Friedrich-Gerlach-Brücke
- Adresse: Friedrich-Gerlach-Brücke
- Haltestelle: Schöneberg (S1, S41, S42, S45 und S46)
- GPS: 52.477919°, 13.355282°

Die Brommybrücke über der Spree.

Gesprengte Brücke

In der Nähe der Brommystraße ragt ein Pfeiler einer längst verschwundenen Brücke wie eine Halbinsel aus dem Wasser. Die Brommybrücke war Anfang des 20. Jahrhunderts gebaut worden, um die Stadtteile Friedrichshain und Kreuzberg zu verbinden. Sie hatte jedoch kein langes Leben. Die deutsche Wehrmacht sprengte sie 1945, um dem Vormarsch der russischen Armee ein Ende zu setzen. Vergeblich, wie wir heute wissen.[178]

Im Gegensatz zu anderen wichtigen Viadukten wurde die fast hundert Meter lange Brommybrücke nie wieder aufgebaut. Das hatte natürlich mit der Teilung Berlins zu tun. Die Spree bildete nämlich eine natürliche, leicht zu bewachende Grenze zwischen West- und Ost-Berlin.

Seit dem Mauerfall verbreitet sich das Gerücht, dass man die Brücke als Fahrrad- und Fußgängerviadukt wieder-

aufbauen würde. Hierzu wurden 2013 unter lautstarkem Protest Teile der East Side Gallery verlegt, aber bisher ist von einer solchen Brücke über die Spree noch nichts zu sehen.[179]

Von der Brommybrücke sind nur noch die Pfeiler in der Spree zu sehen.

Pfeiler der Brommybrücke
- Adresse: Brommystraße
- Haltestelle: Schlesisches Tor (U1 und U3)
- GPS: 52.505583°, 13.436291°

45

Verlassener Pinsel

Bierpinsel, 1976

Sie bauten das Internationale Congress Centrum in Berlin und halfen beim Wiederaufbau des Hauses der Kulturen der Welt, aber das erste Bauprojekt des Architektenpaares Ralf Schüler und Ursulina Schüler-Witte appelliert vielleicht am meisten an die Vorstellungskraft der Betrachter. 1976 errichteten sie auf dem Dach des U-Bahnhofs Schloßstraße ein futuristisch anmutendes Turmrestaurant.[180]

Von weitem sieht das Gebäude aus wie ein Wasserturm, aber bis Anfang dieses Jahrhunderts konnte man in dem einst rot gefärbten Turm etwas essen, trinken oder sogar tanzen gehen. Die Gäste konnten die Aussicht auf den Mobilitätstraum von damals genießen, nämlich auf den Ein- und Ausfahrtkomplex der Autobahn A103. Aufgrund seiner gastronomischen Funktion und der Ähnlichkeit mit einem Pinsel erhielt der Turm bald den Spitznamen „Bierpinsel".

Seit zwanzig Jahren steht das Bauwerk nun leer, aber immer noch im Zentrum der Aufmerksamkeit. Seine rote Haut ist unter zweitausend Litern bunter Farbe verschwunden – ein Graffiti-Kunstwerk, das im Rahmen des Projekts „Turmkunst 2010" entstand.

Die grellen Farben gefielen der Architektin Schüler-Witte nicht. Sie verglich den neuen Anstrich mit einem „schrecklichen Graffiti-Kleid" und sie will ihren Turm so schnell wie möglich wieder in seiner ursprünglichen roten Farbe erstrahlen sehen.[181]

Ob die rote Farbe jemals zurückkehren wird, ist aber unklar. Fest steht, dass es für den Bierpinsel Licht am Ende des Tunnels gibt. Ein Investor will das 47 Meter hohe Bauwerk mit Büros füllen. Aus Brandschutzgründen ist es heute nicht mehr möglich, hier ein Gastronomiegewerbe unterzubringen. Der Turm hat nur eine Treppe, und große Menschenmassen könnten im Notfall nicht schnell genug evakuiert werden.[182]

Bierpinsel
- Adresse: Schlosstraße 17 (Steglitz)
- Haltestelle: Schloßstraße (U9)
- GPS: 52.4614530°, 13.3248930°

Der rote Anstrich wurde im Rahmen des Festivals „Turmkunst 2010" durch alle Farben des Regenbogens ersetzt. Betontreppen führen vom U-Bahnhof Schloßstraße zur Turmspitze.→

Berlin heute

Seit die Berliner Mauer abgerissen wurde, hat sich Berlin in eine große Baustelle verwandelt. Alte Bauwerke mussten neuen weichen, aber das geht nicht immer ohne Diskussionen.

46

Lehrbuchbeispiel für Gentrifizierung

Tacheles, 1907

Das Tor zum ehemaligen Haus der Technik, 1961.

Das Tacheles ist wie eine Katze mit neun Leben. Anfang des 20. Jahrhunderts öffnete die Friedrichstraßenpassage hier ihre Türen, damals die zweitgrößte Einkaufspassage der Stadt. Die Boutiquen verteilten sich auf fünf Stockwerke und eine 48 Meter hohe Kuppel erstrahlte über der Haupthalle.

Schon 1928 schlossen die Geschäfte wieder und der Komplex wurde vom „Haus der Technik" der AEG übernom-

men. Aber auch das Elektrogeschäft hatte kein langes Leben. Aus dem ehemaligen Kaufhaus wurde in den 1930er-Jahren die Zentrale der Deutschen Arbeitsfront (DAF), der Gewerkschaft der Nationalsozialisten. Nach dem Untergang des „Dritten Reichs" nutzte der kommunistische Freie Deutsche Gewerkschaftsbund (FDGB) das Gebäude. Obwohl das Gebäude den Zweiten Weltkrieg unbeschadet überstanden hatte,

wurde die monumentale Kuppel über der Haupthalle in den 1980er-Jahren gesprengt.

Nach dem Mauerfall war es die Künstlerinitiative Tacheles, die den Abriss des Restgebäudes gerade noch verhindern konnte. Der Name Tacheles leitet sich vom hebräischen *tachlit* oder *tachlis* ab. Frei übersetzt: Sie dürfen die unverblümte Wahrheit sagen. Das Kunsthaus Tacheles war eine Gegenreaktion auf das erstickende Klima des Stillschweigens zu DDR-Zeiten: Künstler besetzten das halb zerstörte Kaufhaus und lebten dort bis 2012.[183]

Besucher wurden mit offenen Armen empfangen. Sie konnten durch die Ateliers schlendern, Ausstellungsräume besuchen, sich einen Film im Arthouse-Kino „High End 54" ansehen oder im chaotischen Hofgarten etwas trinken. Fast fünfzehn Jahre lang war es ein Zufluchtsort für Künstler. 2012 mussten alle Bewohner ihre Sachen packen und das Tacheles schloss seine Türen für die Öffentlichkeit. Zwei Jahre später wurde klar, warum.

Der US-amerikanische Investor Perella Weinberg Partners trieb 150 Millionen Euro auf, um die Immobilie mit einem 2,5 Hektar großen Areal in einer der begehrtesten Lagen der Berliner Innenstadt zu erwerben.[184]

Heute ist das Tacheles eingerüstet.

Die amputierte Rückfassade des Tacheles. Die Kuppel, die einst über dem Hof glänzte, wurde in den 1980er-Jahren abgerissen.

Das Treppenhaus von Tacheles war mit einer dicken Graffitischicht bedeckt.

Daneben entsteht ein neuer Stadtteil mit Geschäften, Büros und Wohnungen im Herzen Berlins.[185] So wurde das Kunsthaus Tacheles zu einem der Opfer der sich über ganz Berlin ausbreitenden Gentrifizierung. Oft kaufen finanzstarke, ausländische Investoren für wenig Geld pulsierende Zentren alternativer Kultur und errichten Hotels, bauen Lofts oder Einkaufszentren, wodurch die Seele der Stadt verloren geht.[186]

Tacheles
- Adresse: Oranienburger Straße 54
- Haltestelle: Oranienburger Tor (U6)
- GPS: 52.525693°, 13.389258°

47

Paläste kommen und gehen

Palast der Republik, 1976-2006

Erichs Lampenladen. Der Spitzname des Palasts der Republik verrät, dass im Foyer des Gebäudes Tausende kugelförmige Lampen von den Decken hingen. Doch das von SED-Chef Erich Honecker geschaffene Schloss hatte noch viel mehr zu bieten. Hinter den goldfarbenen Spiegelfenstern befand sich nicht nur die Volkskammer (das ostdeutsche Parlament), sondern auch Konzert- und Theatersäle, Restaurants, Bars, eine Kegelbahn, eine Diskothek und ein Museum. Hier trat vor ausverkauftem Haus der unter anderem in West- und Ost-Berlin beliebte Herman van Veen auf.[187]

Der Palast der Republik wurde 1976 eröffnet. Er stand an der Stelle, wo sich einst das barocke Berliner Schloss befand, eines der symbolträchtigsten Gebäude in der alten Mitte Berlins.[188] Doch nach dem Zweiten Weltkrieg hatte das Stadtschloss seinen Glanz verloren.

Abriss und Neubau

Bombenangriffe der Alliierten hatten das Gebäude schwer zerstört, die Sowjets beendeten die Arbeit. Sie hatten die geniale Idee, die Ruinen als Kulisse für einen Kriegsfilm zu verwenden, einschließlich Handgranaten, um alles ein bisschen realistischer zu machen. Die Fassaden, die den Krieg überstanden hatten, erhielten den Gnadenstoß.

Was vom eingestürzten Palast übrig blieb, wurde 1950 gesprengt. Das brachliegende Grundstück wurde später in Marx-Engels-Platz umbenannt und als Aufmarschplatz für Militärparaden genutzt, der größer war als der Rote Platz in Moskau. Dort erhob sich also der Palast der Republik.[189]

Asbest

Ein Jahr nach dem Fall der Berliner Mauer musste der Palast seine Tore schließen, weil sich herausstellte, dass das Stahlskelett viel Asbest enthielt, was beim Bau damals üblich war.

Nach einer umfangreichen Sanierung fanden ab 2004 im entkernten Gebäude Ausstellungen und Theateraufführungen statt. Aber die Wiederbelebung war nur von kurzer Dauer. Anfang 2006 gab der Deutsche Bundestag grünes Licht für den Abriss des Palastes. Die Schriftsteller Günter Grass und Dario Fo sowie der Architekt Rem Koolhaas kämpften vergeblich um seinen Erhalt, denn der Palast war eines der seltenen Relikte des

Berliner Stadtschloss, 1900.

Bau des Palastes der Republik, 1976.

Abbau des Palastes der Republik im Jahr 2007.

Bau des neuen „Stadtschlosses", Humboldt Forum, 2015.

Die einzige Spur des Palastes der Republik ist der Ticketschalter am Spreeufer.

DDR-Staates, ein Ort, mit dem nostalgische Gefühle verbunden sind.[190]

Nostalgie hin oder her, der Palast der Republik wurde abgerissen, eine Arbeit, die mehr als zwei Jahre dauerte, weil neue Asbestfunde zum Vorschein kamen. Die Tonnen von Stahl und Eisen wurden für den Bau des Burj Khalifa-Turms in Dubai wiederverwendet.[191] Am ehemaligen Ticketschalter des Palastes der Republik am Spreeufer findet man noch ein Überbleibsel, nämlich eine goldene Plakette mit den Buchstaben „PdR", die damals über den Kassen hing.[192]

Noch bevor der Palast ganz ver-schwunden war, gab es schon Pläne für den Wiederaufbau des 1950 gesprengten Stadtschlosses. Im Sommer 2013 wurde der Grundstein für den Wiederaufbau gelegt. Die Eröffnung unter dem Namen Humboldt Forum fand 2021 statt.

Ein neuer Palast?

Trotz des Brimboriums zur Eröffnung des wiederaufgebauten Stadtschlosses, ist der Palast der Republik immer noch nicht vergessen. Der „Förderverein Palast der Republik e.V." strebt einen kompletten Wiederaufbau bis 2050 an. Das wiederaufgebaute Stadtschloss solle nur dreißig Jahre stehen bleiben, genau so lange wie der Palast der Republik (von 1976 bis 2006), und danach wieder verschwinden. Die Geschichte kommt in Berlin nie zum Stillstand.[193]

Humboldt Forum
- Adresse: Schloßplatz
- Haltestelle: Museumsinsel (U5)
- GPS: 52.5175857°, 13.4012193°

Palast der Republik, 2004.

Im Inneren des Palastes der Republik, 2004.

Bronzeskulptur von Karl Marx und Friedrich Engels mit dem Palast der Republik als Hintergrund.

Würdigung von Marx und Engels

Jahrelang bildete der Palast der Republik den Hintergrund des Marx-und-Engels-Forums, eines Parks auf der anderen Spreeseite. Dort wurde 1986 eine Bronzeskulptur enthüllt, die Karl Marx und Friedrich Engels zeigt, die beiden Autoren des Kommunistischen Manifests.

Der Bau der Skulpturengruppe war eine der letzten Leistungen des DDR-Regimes, dessen Staat drei Jahre später schon nicht mehr bestand. Es fehlte nur wenig, da hätte die Skulpturengruppe das Schicksal vieler anderer Denkmäler aus der Zeit des Sozialismus ereilt. Nach dem Mauerfall stellte sich nämlich die Frage, ob Marx und Engels noch in eine westliche Stadt gehörten. Vielleicht sollten sie besser von der Straße verschwinden, weil sie ein Relikt eines zerrütteten Systems waren?

Das Duo blieb stehen, obwohl es seinen prominenten Platz für die Baustelle der U-Bahn-Linie 5 räumen musste. Die beiden Herren stehen jetzt am Rand des Parks, nahe der Karl-Liebknecht-Straße.[194]

48

„Das traurigste Denkmal in Berlin"

Kinderkrankenhaus Weißensee, 1911–1997

Die Säuglings- und Kinderklinik Weißensee war bei ihrer Eröffnung im Jahr 1911 das Beste vom Besten in Preußen. Sie lag eingebettet in einem großen Landschaftspark, was damals eine Besonderheit war. Außergewöhnlich war auch die Nahrungsbereitungsanstalt, die die direkte Versorgung von Neugeborenen und ihren Müttern gewährleis- tete. Zu ihr und einem Muster-Kuhstall führte ein kurzer Fußweg.[195] Zu DDR-Zeiten wurde aus dieser Einrichtung ein Molkereibetrieb, die VEB Meierei Weißensee.[196] Doch heute ist das seit 1995 denkmalgeschützte Krankenhaus nur noch ein Schatten seiner selbst.

Seit es 1997 wegen sinkender Bevölkerungszahlen seine Türen schloss, ist

Der Denkmalschutz im Jahre 1995 konnte den völligen Verfall des Krankenhauses nicht verhindern.

Überreste des Krankenhauses, bevor es mehrmals der Brandstiftung zum Opfer fiel.

es Vandalen ausgeliefert. Russische Investoren, die das Gebäude 2005 mit der Absicht kauften, es wiederzubeleben, blieben erfolglos. Allein im Jahr 2013 musste die Feuerwehr dutzende Male zum Löschen von Bränden ausrücken.[197] Was bleibt, sind ausgebrannte Dachstühle, geschwärzte Fassaden und durchhängende Böden.

Nach jahrelangen Rechtsstreitigkeiten erwarb die Stadt Berlin das Gebäude, doch damit war der Kahlschlag in der Kinderklinik nicht beendet. Immer wieder brachen neue Brände aus, und mit der Zeit bekam die Klinik den Spitznamen „das traurigste Denkmal Berlins".[198]

Das Anwesen ist heute eingezäunt und es gibt einen Wachschutz, der Vandalen und Brandstifter abhalten soll. Mittlerweile zeichnet sich für die Kinderklinik eine neue Zukunft ab. Das Schul- und Sportamt Pankow hält es für machbar, dass hier in ein paar Jahren eine Grund- und Sekundarschule mit Sportanlagen und ein Jugendzentrum untergebracht werden können.[199]

Kinderkrankenhaus Weißensee
- Adresse: Hansastraße
- Haltestelle: Giersstraße (M4 und M5)
- GPS: 52.5540252°, 13.4831218°

49

Schiffswrack auf der Spree

Dr. Ingrid Wengler, 1975-1996

Seit einem Vierteljahrhundert treibt im Berliner Osthafen ein halb versunkenes Schiff, verrostet, bemalt und komplett geplündert. Das Schiff ist von Landungsbrücken umgeben, eine letzte Erinnerung an die Grenzschutztruppen der DDR, die die Spree bewachten. Es heißt MS Dr. Ingrid Wengler und ist benannt nach der großen Liebe des Schiffseigners Günther van de Lücht.

Van de Lücht kaufte den in den Niederlanden hergestellten Frachter 1975 und baute ihn für Vergnügungsfahrten um. Aber Anfang der 1990er-Jahre legten Gerichtsvollzieher sein Schiff fest. Der Kapitän lebte jedoch weiterhin an Bord, zumindest für eine Weile, bis das Wasser- und Schifffahrtsamt ihm die

Nutzung der Anlegestelle versagte. Sein Schiff blockiere den Schiffsverkehr, der öffentliche Steg sei marode. Die MS Dr. Ingrid Wengler solle verschwinden. Das akzeptierte van de Lücht nicht ohne Wenn und Aber. Er vermutete eine Schikane alter DDR-Genossen, die in der Behörde arbeiteten.

Als van de Lücht im Oktober 1996 von einer Sitzung des Berliner Senats zurückkehrte, war sein Schiff abgeschleppt worden. Es war aufgebrochen, von der Anlegestelle gelöst und an seinem jetzigen Standort abgestellt worden, wo es weder Strom, Internet noch Wasseranschluss gibt. Ein bürokrati-

scher Mord.[200] Seitdem versinkt das Schiffswrack von Kapitän van der Lücht genau wie zwei weitere Schiffe, die Tau und die Iskele, langsam in der Spree und bleibt Vandalen überlassen.[201]

MS Dr. Ingrid Wengler
- Adresse: Spreeuferweg Treptow
- Haltestelle: Treptower Park (S8, S9, S41, S42 und S85)
- GPS: 52.49764224°, 13.45610082°
- Internet: www.dr-ingrid-wengler.de

↓ Seit mehr als 20 Jahren rostet der 41 Meter lange Kahn auf der Spree vor sich hin.

50

Übermalte Street Art

Cuvry-Graffiti, 2007–2014

Die Street Art des italienischen Künstlers Blu zeigte zwei Männer, die versuchten, sich gegenseitig zu demaskieren, während sie mit ihren Fingern die Buchstaben „W" für West und „E" für East bildeten.

Sie strahlten in Reiseführern, auf Buchcovern und auf Postkarten und wurden zum Wallfahrtsort für Street-Art-Fans: die gigantischen Fassadenmalereien, die der italienische Graffiti-Künstler Blu 2007 und 2008 in der Cuvrystraße in Kreuzberg anfertigte.

Das Berlin-Marketing machte Überstunden, um die Kunstwerke der ganzen Welt bekannt zu machen, aber heute sind sie verschwunden. An die Fassaden mit Blus Wandmalereien wurde ein neuer Bürokomplex gebaut. Doch es war eigentlich schon längst zu spät.[202]

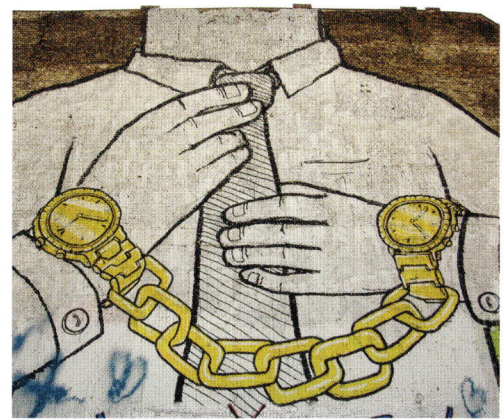

Das zweite Kunstwerk zeigte einen Mann, der von seinen beiden goldenen Uhren gefesselt ist, während er seine Krawatte bindet.

In der Nacht vom 11. auf den 12. Dezember 2014 wurden Blus riesige, maskierte Figuren und der Handschellenmann mit schwarzer Farbe übermalt. Für die Aktion, – die mit Erlaubnis des Künstlers durgeführt wurde –, war Lutz Henke verantwortlich, der hinter der Künstlervereinigung Artitude steht. Blu wollte verhindern, dass sein Kunstwerk die Immobilienpreise in der Nachbarschaft in die Höhe treiben würde, während Henke sich vor allem um den Umgang der Stadt mit ihren Künstlern sorgte.

Berlin rühme sich zwar einerseits seiner Kunstszene, andererseits habe die verfehlte Stadtentwicklungs- und Kulturpolitik viel von dem knappen räumlichen Potenzial der Stadt verschwendet und gefährde damit die Existenz ihrer Hauptattraktion, der Kunstszene, so Henke später in einem Meinungsbeitrag in der britischen Zeitung The Guardian.[203] Weil die künstlerische Marke attraktiv bleiben müsse, neige Berlin dazu, die unterdrückte Kreativität künstlich wiederzubeleben und schaffe so eine untote Stadt. Diese „Zombifizierung" drohe Berlin in ein Museum mit Lackschicht zu verwandeln. Die Baulücke ist heute dem „Cuvry Campus" gewichen, Büro- und Einzelhandelsflächen, die die bemalten Wände verbergen.

Das übermalte Graffiti im Jahr 2016.

Pink schlängelt sich durch Berlin

Rosa Rohre, 1993

Wer den kilometerlangen rosa Rohren folgt, kommt automatisch an einen Wasserlauf.

Sechzig Kilometer pinkfarbene Rohre durchziehen Berlin. Die Schlangen hängen über den Straßen, durchqueren Parks, verlaufen entlang der Bürgersteige und sind überall im historischen Zentrum Berlins zu sehen. Wer den rosa Rohren folgt, wird entdecken, dass sie in die Spree oder in einen der Kanäle Berlins münden. Der Name der Stadt könnte einen Hinweis geben auf ihre Funktion. Berlin leitet sich vom slawischen Wort *ber* ab, was „Sumpf" be-

deutet.[204] Berlin ist nämlich „auf Wasser gebaut". Der sumpfige Boden bescherte der Stadt bereits 1706 einen Bauskandal. Der Architekt Andreas Schlüter wurde damals von König Friedrich I. beauftragt, sein Stadtschloss mit einem 95 Meter hohen Münzturm zu verschönern. Noch bevor er seine endgültige Höhe erreicht hatte, zeigte der Turm an allen Seiten Risse. Schlüter schlug vor, den Münzturm auf eine Höhe von 36 Metern zu begrenzen, doch bevor der

König seine Zustimmung geben konnte, stürzte der gesamte Koloss ein, weil Schlüter den Untergrund falsch eingeschätzt und die Fundamente falsch gesetzt hatte.[205]

Wer heutzutage einen Keller, eine Tiefgarage oder einen U-Bahn-Tunnel bauen will, muss viel Erde ausgraben. Aber dann stößt man schon nach zwei Metern auf Grundwasser, das mittels einer Rohrleitung abgeleitet wird. Die deutsche Firma Pollems ist der Hauptlieferant der Rohre, mit denen sie seit 1993 die Grundwasserarbeiten durchführt. Ein lukratives Geschäft, wenn man bedenkt, wie viele neue Wohnblocks seit der deutschen Wiedervereinigung aus dem Berliner Boden gewachsen sind. Anstatt die Rohre grau zu belassen, die Hausfarbe der Bauindustrie, entschied sich Pollems, rosa Rohre zu liefern. Warum gerade rosa?

Das Unternehmen zog einen Psychologen zu Rate, um zu erfahren, welche Farben Kindern am besten gefielen. Es stellte sich heraus, dass die Farben Pink oder Lila bei jungen und älteren Menschen beliebt sind.[206] Deshalb liegt die Mitte Berlins unter einem Netz rosafarbener Rohre, das wie ein Thermometer für die Bauwut in der Stadt wirkt.

Schloßplatz
- Adresse: Schloßplatz
- Haltestelle: Museumsinsel (U5)
- GPS: 52.5175857°, 13.4012193°

Umlauftank 2

Die verspielte Architektur des Umlauftanks 2 mit seinem rosafarbenen Rüssel kontrastiert scharf mit der schnurgeraden Straße des 17. Juni in der Nähe. Als Gegengewicht zu den megalomanen architektonischen Plänen der Nationalsozialisten hat der Architekt Ludwig Leo die Röhre bewusst rosa gefärbt. Seit 1974 dient der Tank zur Strömungsmessung und zum Testen von Schiffsmodellen. Wegen Platzmangels auf der Insel im Landwehrkanal wurde der Röhrenkomplex vertikal statt horizontal gebaut.[207]

Rosa Rohre des Umlauftanks als Antwort auf die größenwahnsinnigen Pläne der Nationalsozialisten.

UT 2 Versuchsanstalt für Wasserbau und Schiffbau
- Adresse: Müller-Breslau-Straße
- Haltestelle: Tiergarten (S3, S5, S7 und S9)
- GPS: 52.512346°, 13.333870°

Bahnsteigkante im ehemaligen Rangierbahnhof Tempelhof.

Zum Schluss

Die Weltzeituhr am Alexanderplatz, die Mengenlehreuhr am Kudamm und eine dreizehn Meter hohe Wasseruhr im Europa-Center. Es scheint, als hätte Berlin in West und Ost alle Register gezogen, um seinen Bewohnern Kontrolle über die Zeit zu verschaffen. Und eben das ist es, was Berlin nicht bietet: Zeit zum Verschnaufen.

Die Uhr ist in den letzten zwei Jahrhunderten nie stehen geblieben. Zuerst erfasste die industrielle Revolution die Stadt, während des Zweiten Weltkriegs wurde das Zentrum zerstört und in der darauffolgenden Teilung von West und Ost wurde sie zerrissen. Keine andere Stadt hatte so stark unter den Turbulenzen der Geschichte zu leiden wie Berlin.

Heute, mehr als drei Jahrzehnte nach dem Fall der Berliner Mauer, hat sich der Staub gelegt und die beiden Hälften der Stadt sind wieder zusammengewachsen. Berlin ist eine Stadt ohne Stacheldraht, ohne Grenzmauern und ohne Hommagen an Lenin und Stalin geworden. Aus leerstehenden Volksfabriken wurden zunächst besetzte Häuser und Technoparadiese, dann bestenfalls schneeweiße Lofts, schlimmstenfalls kam der Abriss. Unterbrochene U-Bahn-Linien wurden wieder geschlossen und Autobahnen, die an der Grenze endeten, wurden rekonstruiert. Massen von Touristen sind an die Stelle von Geheimagenten und Grenzschützern getreten.

Aber damit ist die Sache nicht erledigt. Die Vergangenheit lässt sich noch an vielen Stellen in der Stadt entdecken. Alte Bahnhöfe, Trümmerhaufen, Nazibauten und russische Prachtarchitektur erinnern an das Berlin des letzten Jahrhunderts, Relikte, mit der die Stadt alle Hände voll zu tun hat. So zeigt die KulturBrauerei im Prenzlauer Berg, wie industrielles Erbe manchmal bis zur Perfektion saniert wird, während das Schicksal des Gasometers in Schöneberg, der verrosteten Liesenbrücken oder des eingestürzten Rundlokschuppens von Pankow keinen interessiert.

Noch schwerer zu verkraften sind die Zeugnisse des Zweiten Weltkriegs. Wie hält man die Vergangenheit konkret und spürbar, ohne ein Lourdes für Neonazis zu werden? Ein Besuch an der Langemarckhalle, am Soldatenfriedhof Lilienthalstraße und am Ort des Führerbunkers zeigt, wie schwierig dieser Spagat ist. Sogar die DDR-Vergangenheit, die durch den Fernsehturm, den

Die Weltzeituhr auf dem Alexanderplatz.

Alexanderplatz und vor allem die Berliner Mauer verkörpert wird, muss erst noch ihren Weg in die Erinnerung finden. So wie die Hakenkreuze der Nazis verschwanden, wurde auch Lenins Kopf entfernt. Inzwischen ist die Bilderstürmerei der 1990er-Jahre der Erhaltung gewichen und so konnten Denkmäler für Marx, Engels und Thälmann an Ort und Stelle bleiben, auch wenn sie noch immer Diskussionen auslösen.

Das nach dem Fall der Berliner Mauer verbliebene Niemandsland wird zunehmend bebaut, aber auch darüber ist noch nicht das letzte Wort gesprochen. Ein Bauprojekt an der East Side Gallery verursachte massenhafte Proteste. Auch Pläne, den Rand des stillgelegten Flughafens Tempelhof zu bebauen, scheiterten an einer Volksabstimmung. In den 1970er-Jahren wurde der Traum von einer Autobahn quer durch West-Berlin erfolgreich vereitelt. Aber Proteste funktionierten nicht immer, schon gar nicht in der DDR-Zeit. Die Ost-Berliner konnten die Sprengung der Gasbehälter des ehemaligen Gaswerks Dimitroffstraße nicht verhindern und mussten zusehen, wie die Ruine des barocken Berliner Schlosses dem Erdboden gleich gemacht wurde.

Bald ist es ein Jahrhundert her, dass Fritz Langs *Metropolis* auf der großen Leinwand erschien, eine Zukunftsvision voller Wolkenkratzer, schwebender Autobahnen und fauchender Dampfmaschinen, die dem heutigen Berlin gar nicht ähnelt. Berlin erlebte im 20. Jahrhundert seine dunkelsten Jahre und wurde zum Brennpunkt des Kampfes zwischen Kapitalismus und Kommunismus. Der Konflikt mag vorbei sein, aber die Geschichte ist noch lange nicht vorbei. Wer sich mit diesem Buch durch Berlin führen lässt und die Zeitkapseln mit den Augen eines Außenstehenden betrachtet, spürt noch immer den heißen Atem der Vergangenheit im Nacken.

Literatur

Bücher

Bodenschatz, H. (2010). Berlin Urban Design. A brief history of a European City. Berlin: DOM Publishers.

Bodenschatz, H./Goebel, B. (Hg.). (2020). Unfinished Metropolis. Berlin: DOM Publishers.

Braun, M. S. (2015). Berlin. The architecture guide. Braun Publishing.

De Moor, P. (2016). Berlijn. Leven in een gespleten stad. Amsterdam: Uitgeverij van Gennep.

Flyn, C. (2021). Verlaten oorden. De natuur na de mens. Amsterdam/Antwerpen: Uitgeverij Atlas Contact.

Hilmes, O. (2016). Berlijn 1936. Een zomer in Hitlers Duitsland. Antwerpen: Veen Bosch & Keuning uitgevers.

Kooijman, H./Van Eijck, G. (2014). Het Oostblok-boek. Een reis langs de sporen van het communistische verleden. Amsterdam: Nieuw Amsterdam Uitgevers.

Leipold, K./Stappmanns, V. (Hg). (2012). The Berlin Design Guide. Berlin: Alphabet Press GbR.

Remarque, P. (2014). Boze geesten van Berlijn. Amsterdam: Uitgeverij Rainbow bv.

Schlusche, G./Pfeiffer-Kloss, V./Dolff-Bonekämper, G./Klausmeier, A. (2014). Stadtentwicklung im doppelten Berlin. Berlin: Christoph Links Verlag.

Schneider, P. (2014). Berlijn. Biografie van een nieuwe stad. New York: Farrar, Straus & Giroux.

Steyer, C.-D. (2014). Geheime Orte in Berlin. Ein Ausflugsführer. Berlijn: Nicolaische Verlagsbuchhandlung.

Ulrich, A. (2006). Palast der Republik. Ein Rückblick/ A retrospective. München: Prestel Verlag.

Van Istendael, G. (2007). Mijn Duitsland. Amsterdam: Atlas Contact.

Von Seldeneck, L. J./Huder, C./Eidel, V. (2011). 111 Orte in Berlin die man gesehen haben muss. Berlin: emons.

Von Seldeneck, L. J./Huder, C./Eidel, V. (2013). 111 Orte in Berlin die man gesehen haben muss. Band 2. Berlin: emons.

Webseiten

Abandoned Berlin,
    https://abandonedberlin.com

Digital Cosmonaut,
    https://digitalcosmonaut.com

Slow Travel Berlin,
    http://www.slowtravelberlin.com

Anmerkungen

1   Hoffman, E. (2017, 19. Dezember). *Fritz Lang's Monster: Was Metropolis a Pro-Nazi Film.* Medium.com. Abgerufen am 27. Oktober 2021 über https://medium.com/science-technoculture-in-film/fritz-langs-mons-ter-was-metropolis-a-pro-nazi-film-f9cbe0ff5fd5

2   *Die Anfänge des UNIVERSUM-LANDES-AUS-STELLUNGS-PARKS* (2008, Juli). Abgerufen am 22. Dezember 2021 über https://www.moabitonline.de/wp-content/uploads/2008/07/ulap-infotafel.pdf

3   ULAP (2021, 18. September). *Wikipedia.* Abgerufen am 26. Oktober 2021 über https://de.wikipedia.org/wiki/ULAP

4   ULAP-Platz. „Restfläche" am Hauptbahnhof (o.D.). *Visit Berlin.* Abgerufen am 19. September 2021 über https://www.visitberlin.de/de/ulap-platz

5   The Gasometer IV (o.D.). *Insel Tour.* Abgerufen am 25. Oktober 2021 über inseltour-berlin.de/the-gas-ometer-four/

6   Gasometer Schöneberg (2021, 22. Juli). *Wikipedia.* Abgerufen am 19. September 2021 über https://de.wikipedia.org/wiki/Gasometer_Sch%C3%B6neberg

7   Dittrich, C. (2021, 4. Mai). Gasometer Schöneberg. *Verband Deutscher Kunsthistoriker.* Abgerufen am 19. September 2021 über https://kunsthistoriker.org/verband/rote-liste/gasometer-schoeneberg/

8   Kneist, S. (2021, 24. Juni). Gasometer in Berlin darf ausgebaut werden. *Der Tagesspiegel.* Abgerufen am 19. September 2021 über https://www.tagesspiegel.de/berlin/bezirk-beschliesst-planreife-gasometer-in-berlin-darf-ausgebaut-werden/27354942.html

9   Gasometer Fichtestraße (2020, 18. August). *Wikipedia.* Abgerufen am 25. Oktober 2021 über https://de.wikipedia.org/wiki/Gasometer_Fichtes-tra%C3%9Fe

10   Berlin at night (2012, 7. Mai). *The European Space Agency.* Abgerufen am 25. Oktober 2021 über https://www.esa.int/ESA_Multimedia/Images/2012/05/Berlin_at_night

11   Möckel, C. (1987). *Technologietransfer in der ersten Phase der industriellen Revolution. Die Cockerills in Preußen.* Jahrbuch für Wirtschaftsgeschichte, Volume 28: n° 3-4.

12   Allgemeine Handlungs-Zeitung (1826, 25. Oktober). Abgerufen am 25. Oktober 2021 über https://api.digitale-sammlungen.de/iiif/presentation/v2/bsb10227352/canvas/582/view

13   Berlin ist noch immer geteilt. Satellitenbild der Woche. (2013, 20. April). *Der Spiegel.* Abgerufen am 25. Oktober 2021 über https://www.spiegel.de/wissenschaft/weltall/satellitenbild-der-woche-berlin-ist-noch-immer-geteilt-a-895308.html

14 Gaslicht-Kultur e. V. (o. D.). Abgerufen am 19. September 2021 über http://www.gaslicht-kultur.de/Home_EN.html

15 Otto Lilienthal - der erste Flieger (o. D.). *Otto-Li-lienthal-Verein Stölln e. V.* Abgerufen am 19. September 2021 über https://www.otto-lilienthal.de/otto-lilien-thal.html

16 Het nieuws van de dag (1896, 14. August). Abgerufen am 23. September 2021 über https://uurl.kbr.be/1135109

17 Imhof, A. (2012, 22. August). Lilienthal-Denkmal im Bäkepark. *kudaba, die Kulturdatenbank.* Abgerufen am 19. September 2021 über https://www.kudaba.de/?p=4782#16/52.4354/13.3166

18 Volkseigener Betrieb (2021, 16. September). *Wikipedia.* Abgerufen am 19. September 2021 über https://de.wikipedia.org/wiki/Volkseigener_Betrieb

19 Zentralvieh- und Schlachthof (o. D.). *Industrie-kultur Berlin.* Abgerufen am 19. September 2021 über https://industriekultur.berlin/ort/zentralvieh-und-schlachthof/

20 Hinkelmann, E. (2000). Das Glaswerk auf der Halbinsel Alt-Stralau. *Berlinische Monatsschrift.* Abgerufen am 19. September 2021 über https://berlinge-schichte.de/bms/bmstxt00/0002proc.htm

21 Schwoch, P. (o. D.). Historie. *Eiswerk.* Abgerufen am 19. September 2021 über https://eiswerk-berlin.com/portfolio/eiswerk-historie/

22 RAW-Friedrichshain (2021, 23. August). *Wiki-pedia.* Abgerufen am 5. Oktober 2021 über https://de.wikipedia.org/wiki/RAW-Friedrichshain

23 Bährend, J. (2021, 3. Mai). Was das RAW-Gelän-de in Berlin bewegt: Von Problemen und Lösungen. *tipBerlin.* Abgerufen am 6. Oktober 2021 über https://www.tip-berlin.de/stadtleben/raw-gelaende-berlin-probleme-loesungen/

24 R. A. W. Berlin – Flächen in der Innenstadt werden entwickelt, neue Quartiere entstehen (o. D.). *Kurth Im-mobilien.* Abgerufen am 5. Oktober 2021 über https://www.kurth-immobilien.de/projekte/detail/raw-berlin

25 Becker-Cantarino, B. (1996). *Berlin in Focus: Cul-tural Transformations in Germany.* London: Greenwood Publishing Group.

26 Unsere Geschichte – Franzz Club. Abgerufen am 10. Oktober 2021 über https://frannz.eu/unsere-ge-schichte/

27 Liste von Kopfbahnhöfen (2021, 21. Oktober). *Wikipedia.* Abgerufen am 26. Oktober 2021 über https://de.wikipedia.org/wiki/Liste_von_Kopf-bahnh%C3%B6fen

28 Berlin Nordbahnhof (2021, 26. August). *Wiki-pedia.* Abgerufen am 18. Oktober 2021 über https://de.wikipedia.org/wiki/Berlin_Nordbahnhof

29 Berlin Hamburger Bahnhof (2021, 14. März). *Wikipedia.* Abgerufen am 8. Oktober 2021 über https://de.wikipedia.org/wiki/Berlin_Hamburger_Bahnhof

30 Görlitzer Bahnhof (2021, 28. August). *Wikipedia.* Abgerufen am 10. Oktober 2021 über https://nl.wiki-pedia.org/wiki/G%C3%B6rlitzer_Bahnhof

31 Drescher, F. (2021, 4. Juni). Anwohner sehen kei-ne Besserung im Wrangelkiez. *rbb2.* Abgerufen am 10. Oktober 2021 über https://www.rbb24.de/panorama/beitrag/2021/06/berlin-goerlitzer-park-drogenszene-wrangelkiez.html

32 Portikus Anhalter Bahnhof (o. D.). *Industriekultur Berlin.* Abgerufen am 19. September 2021 über https://industriekultur.berlin/ort/anhalter-bahnhof/

33 Elise-Tilse-Park (2020, 29. November). *Wikipedia.* Abgerufen am 19. September 2021 über https://de.wi-kipedia.org/wiki/Elise-Tilse-Park

34 De Moor, P. (2016). *Berlijn. Leven in een gespleten stad.* Amsterdam: Uitgeverij van Gennep.

35 Keilmann, A. (2005, Oktober). Der Südbahn-hof – eine Planungsgeschichte. *Architekturgeschichte der ersten Hälfte des 20. Jahrhunderts.* Abgerufen am 19. September 2021 über http://www.architektur-ge-schichte.de/05%20S%FCdbahnhof%2002%20Text.html

36 Liesenbrücken (o. D.). Abgerufen am 19. Sep-tember 2021 über https://liesenbruecken.chayns.net/#LIESENBR%C3%9CCKEN

37 Bahnstrecke Berlin–Szczecin (2021, 2. Septem-ber). *Wikipedia.* Abgerufen am 19. September 2021 über https://de.wikipedia.org/wiki/Bahnstrecke_Ber-lin%E2%80%93Szczecin

38 Denkmaldatenbank: Liesenbrücken (o. D.). *Lan-desdenkmalamt Berlin.* Abgerufen am 19. September 2021 über https://www.berlin.de/landesdenkmalamt/denkmale/liste-karte-datenbank/denkmaldatenbank/daobj.php?obj_dok_nr=09030292

39 Liesenbrücken (o. D.). *Grünzüge für Berlin.* Ab-gerufen am 19. September 2021 über http://www.gruenzuege-fuer-berlin.de/liesenbrucke/

40 Die unerfüllte Vision: Berlin und die Magnetbahn-Technologie (2021, 3. März). *Entwicklungsstadt Berlin.* Abgerufen am 21. September 2021 über https://ent-wicklungsstadt.de/die-unerfuellte-vision-berlin-und-die-magnetbahn-technologie/

41 Kurpjuweit, K. (2016, 25. Juli). Wie Berlin eine Magnetbahn plante. *Der Tagesspiegel.* Abgerufen am 21. September 2021 über https://www.tagesspiegel.de/berlin/verkehr-wie-berlin-eine-magnetbahn-plan-te/13925098.html

42 Jurziczek von Lisone, M. (2010, August). M-Bahn Berlin. *Berliner Verkehrsseiten.* Abgerufen am 21. Sep-tember 2021 über http://www.berliner-verkehrsseiten.de/m-bahn/Geschichte/geschichte.html

43 Rundlokschuppen Pankow für Güter- und Ran-gierlokomotiven & Lokomotivschuppen des Verschie-bebahnhofs Pankow (o. D.). *Landesdenkmalamt Berlin.* Abgerufen am 1. Oktober 2021 über https://www.berlin.de/landesdenkmalamt/denkmale/liste-karte-datenbank/denkmaldatenbank/daobj.php?obj_dok_nr=09050599

44 Hönicke, C. (2020, 17. Dezember). Wann wird der Rundlokschuppen endlich gesichert? *Der Tagesspiegel.* Abgerufen am 1. Oktober 2021 über https://www.tagesspiegel.de/berlin/bezirke/pankower-wahrzeichen-verfaellt-trotz-urteil-weiter-wann-wird-der-rund-lokschuppen-endlich-gesichert/26729096.html

45 Verschiebebahnhof Tempelhof (o. D.). *Senatsverwaltung für Umwelt, Verkehr und Klimaschutz.* Abgerufen am 19. September 2021 über https://www.berlin.de/sen/uvk/natur-und-gruen/naturschutz/ausstellungen/bahnbrechende-natur/natur-park-schoeneberger-suedgelaende/verschiebebahnhof-tempelhof/

46 Natur-Park Schöneberger Südgelände. Technik & Stadtnatur (o. D.). *Grün Berlin.* Abgerufen am 19. September 2021 über https://gruen-berlin.de/projekte/parks/suedgelaende/technik-stadtnatur

47 Flyn, C. (2021). *Verlaten oorden. De natuur na de mens.* Amsterdam/Antwerpen: Verlag Atlas Contact

48 Yorckbrücken (2021, 15. August). *Wikipedia.* Abgerufen am 11. Oktober 2021 über https://de.wikipedia.org/wiki/Yorckbr%C3%BCcken

49 Kurpjuweit, K. (2017, 3. Juli). Die Brücken können jetzt saniert werden. *Der Tagesspiegel.* Abgerufen am 19. September 2021 über tagesspiegel.de/berlin/loesung-fuer-die-berliner-yorckbruecken-die-bruecken-koennen-jetzt-saniert-werden/20009614.html

50 Kupfer, N. (2015, August). Anhalter Bahnhof und Deutsches Technikmuseum. *Berliner Zentrum Industriekultur.* Abgerufen am 19. September 2021 über https://industriekultur.berlin/wp-content/uploads/15_Technikmuseum_2019.pdf

51 Deutsches Technikmuseum (2021, 25. September). *Wikipedia.* Abgerufen am 11. Oktober 2021 über https://de.wikipedia.org/wiki/Deutsches_Technikmuseum

52 Bahnstrecke Berlin-Wannsee–Stahnsdorf (2021, 22. April). *Wikipedia.* Abgerufen am 19. September 2021 über https://de.wikipedia.org/wiki/Bahnstrecke_Berlin-Wannsee%E2%80%93Stahnsdorf

53 Schuster, S. (2018, 4. Juni). Friedhofsbahnbrücke über dem Teltowkanal wird abgerissen. *Der Tagesspiegel.* Abgerufen am 21. Oktober 2021 über tagesspiegel.de/berlin/industriedenkmal-in-stahnsdorf-friedhofsbahnbruecke-ueber-dem-teltowkanal-wird-abgerissen/22637788.html

54 Geschichte der Berliner S-Bahn (2021, 1. Oktober). *Wikipedia.* Abgerufen am 27. Oktober 2021 über https://de.wikipedia.org/wiki/Geschichte_der_Berliner_S-Bahn

55 Siemensbahn (2021, 25. Oktober). *Wikipedia.* Abgerufen am 27. Oktober 2021 über https://de.wikipedia.org/wiki/Siemensbahn

56 Die Bunker in der Schönholzer Heide (2016, 23. Juni). *Pankower Chronik.* Abgerufen am 19. September 2021 über https://pankowerchronikdotde.wordpress.com/2016/06/23/die-bunker-in-der-schoenholzer-heide-2/comment-page-1/

57 Luna-Lager Bunker (2019, 7. August). *Abandoned Berlin.* Abgerufen am 24. September 2021 über https://www.abandonedberlin.com/luna-lager-bunker/

58 Vergnügungspark Traumland in der Schönholzer Heide (2015, 18. Februar). *Pankower Chronik.* Abgerufen am 19. September 2021 über https://pankower-

chronikdotde.wordpress.com/2015/02/18/vergnuegungspark-traumland-schoenholzer-heide-20107657/

59 Ausländerlager Schönholz (2013, 29. November). *Digital Cosmonaut.* Abgerufen am 24. September 2021 über https://digitalcosmonaut.com/2013/auslaender-lager-schoenholz/

60 Soviet Memorial in Schönholzer Heide (o. D.). *Senate Department for the Environment, Transport and Climate Protection.* Abgerufen am 19. September 2021 über https://www.berlin.de/sen/uvk/en/nature-and-green/urban-green-space/cemeteries-and-other-burial-sites/soviet-memorials/schoenholzer-heide/

61 Schönholzer Heide – das versunkene Heide-Theater (2014, 6. Juli). *Pankower Chronik.* Abgerufen am 21. September 2021 über https://pankowerchronikdotde.wordpress.com/2014/07/06/schoenholzer-heide-das-versunkene-heide-theater-18804911/

62 Hoppe, R. (2021. 26. Februar). unSICHTBAR – ein Theater in der Schönholzer Heide. *Stattreisen Berlin.* Abgerufen am 21. September 2021 über https://www.stattreisenberlin.de/stadtfuehrungen-berlin/blog/unsichtbar-ein-theater-in-der-schoenholzer-heide/

63 Lilienthal, Friedhof (o. D.). *Volksbund. Gemeinsam für den Frieden.* Abgerufen am 21. September 2021 über https://kriegsgraeberstaetten.volksbund.de/friedhof/berlin-neukoelln-friedhof-lilienthalstrasse-neuer-standortfriedhof

64 Deutsche Kunst und Dekoration: illustr. Monatshefte für moderne Malerei, Plastik, Architektur, Wohnungskunst u. künstlerisches Frauen-Arbeiten (o. D.). *Universitätsbibliothek Heidelberg.* Abgerufen am 20. September 2021 über https://digi.ub.uni-heidelberg.de/diglit/dkd1931/0280

65 III. Armeekorps (Wehrmacht) (2021, 9. September). *Wikipedia.* Abgerufen am 20. September 2021 über https://de.wikipedia.org/wiki/III._Armeekorps_(Wehrmacht)

66 Müller, M. (2016, 13. November). Unbekannte beschmieren Kriegsgräberstätte in Neukölln. *Berlin Journal.* Abgerufen am 21. Oktober 2021 über https://www.berlinjournal.biz/kriegsgraeber-friedhof-lilienthalstrasse/

67 Laugstien, F. (2019, 5. September). Islamische Gräber dort, wo Muslime wohnen. *taz.* Abgerufen am 24. September 2021 über https://taz.de/!5441888/

68 SA-Gefängnis Papestraße (2021, 10. Juli). *Wikipedia.* Abgerufen am 20. September 2021 über https://de.wikipedia.org/wiki/SA-Gef%C3%A4ngnis_Papestra%C3%9Fe

69 Steinberg, J. (2018, 14. Januar). Wilfrid Israel, an unsung Holocaust hero, gets his due. *The Times of Israel.* Abgerufen am 24. September 2021 über https://www.timesofisrael.com/wilfrid-israel-an-unsung-holocaust-hero-gets-his-own-film/

70 Erik Jan Hanussen (2021, 18. Juli). *Wikipedia.* Abgerufen am 24. September 2021 über https://de.wikipedia.org/wiki/Erik_Jan_Hanussen

71 Trachet, T. (2014, 13. November). De Langemarkmythe. *vrtnws.* Abgerufen am 20. September 2021

über https://www.vrt.be/vrtnws/nl/2014/11/13/de_langemark-mythe-1-2147550/

72 Schneckener, U. (2018, 11. November). De 'Mythe van Langemark': fake news na 11 november. *De Standaard*. Abgerufen am 20. September 2021 über https://www.standaard.be/cnt/dmf20181109_03933061

73 Wande, A. (2014, 10. November). Langemarck, der verschleierte Irrsinn. *Frankfurter Allgemeine*. Abgerufen am 20. September 2021 über https://www.faz.net/aktuell/politik/der-erste-weltkrieg/der-mythos-von-langemarck-13256715.html

74 Langemarckhalle (2020, 19. Dezember). *Wikipedia*. Abgerufen am 20. September 2021 über https://de.wikipedia.org/wiki/Langemarckhalle

75 Lautenschläger, R. (2011, 1. August). Hitlers Stadion. *taz*. Abgerufen am 20. September 2021 über https://taz.de/75-Jahre-Berliner-Olympiageschichte/!5115210/

76 Glockenturm Berlin (2020, 13. April). *Wikipedia*. Abgerufen am 20. September 2021 über https://de.wikipedia.org/wiki/Glockenturm_Berlin

77 Berliner Flaktürme (2021, 19. September). *Wikipedia*. Abgerufen am 20. September 2021 über https://de.wikipedia.org/wiki/Berliner_Flakt%C3%BCrme

78 Projekt Flakturm Humboldthain (o.D.). *Berlin Unterwelten*. Abgerufen am 21. Oktober 2021 über https://www.berliner-unterwelten.de/verein/projekte/flakturm-humboldthain/geschichte.html

79 Hasel, V. F. (2011, 29. Juni). Im Flakturm abkühlen. *Der Tagesspiegel*. Abgerufen am 20. September 2021 über https://www.tagesspiegel.de/kultur/was-machen-wir-heute-im-flakturm-abkuehlen/4329316.html

80 Puschkin-Museum (2021, 18. April). *Wikipedia*. Abgerufen am 21. Oktober 2021 über https://de.wikipedia.org/wiki/Puschkin-Museum

81 Zoo Tower (2021, 21. September). *Wikipedia*. Abgerufen am 21. Oktober 2021 über https://en.wikipedia.org/wiki/Zoo_Tower

82 Norris, C. (1952, Dezember). The Disaster at Flakturm Friedrichshain; A Chronicle and List of Paintings. *The Burlington Magazine*. Abgerufen am 20. September 2021 über https://www.jstor.org/stable/870940

83 Schwerbelastungskörper (o.D.). *Landesdenkmalamt Berlin*. Abgerufen am 20. September 2021 über https://www.berlin.de/landesdenkmalamt/denkmale/liste-karte-datenbank/denkmaldatenbank/daobj.php?obj_dok_nr=09055087

84 Welthauptstadt Germania: Monument des Größenwahns (2012, 17. Dezember). *GEO.de*. Abgerufen am 28. Oktober 2021 über https://www.geo.de/magazine/geo-epoche/3080-rtkl-rekonstruktion-welthauptstadt-germania-monument-des-groessenwahns

85 Reichsluftfahrtministerium (Bundesfinanzministerium) (o.D.). *Berlin Wilhelmstraße*. Abgerufen am 20. September 2021 über https://www.berlin-wilhelm-strasse.de/reichsluftfahrtministerium/

86 Die Reichskanzlei (o.D.). *Berlin Wilhelmstraße*.

Abgerufen am 20. September 2021 über https://www.berlin-wilhelmstrasse.de/reichskanzlei/

87 Führerbunker. (2021, 8. Oktober). *Wikipedia*. Abgerufen am 13. Oktober 2021 über https://de.wikipedia.org/wiki/F%C3%BChrerbunker

88 Hitler's Bunker Exposed for Last Time, Officials Say (1999, 16. Oktober). *Los Angeles Times*. Abgerufen am 13. Oktober 2021 über https://www.latimes.com/archives/la-xpm-1999-oct-16-mn-22937-story.html

89 Exhibit replica of Hitler's bunker opens in Berlin (2016, 27. Oktober). *Deutsche Welle*. Abgerufen am 13. Oktober 2021 über https://www.dw.com/en/exhibit-replica-of-hitlers-bunker-opens-in-berlin/a-36178824

90 Drei Generationen Dampfkesseltechnik (o.D.). *Museum Kesselhaus Herzberge*. Abgerufen am 29. Juni 2022 über https://www.museumkesselhaus.de/kesseltechnik.html

91 Adamek, S. (1996, 20. Januar). Harry Toste war einst Kellner, Koch und Besitzer mehrerer Fabriken. *Berliner Zeitung*. Abgerufen am 26. Oktober 2021 über https://www.berliner-zeitung.de/harry-toste-war-einst-kellner-koch-und-besitzer-mehrerer-fabriken-heute-macht-er-travestie-und-heisst-strapsharry-am-liebsten-ist-er-die-zarah-leander-li.63628

92 Schlusche, G./Pfeiffer-Kloss, V./Dolff-Bonekämper, G./Klausmeier, A. (2014). *Stadtentwicklung im doppelten Berlin*. Berlin: Christoph Links Verlag.

93 Das Reichssicherheitshauptamt (o.D.). *Topographie des Terrors*. Abgerufen am 20. September 2021 über https://www.topographie.de/historischer-ort/reichssicherheitshauptamt/

94 Siegessäule (Berlin) (2021, 3. Oktober). *Wikipedia*. Abgerufen am 22. Oktober 2021 über https://de.wikipedia.org/wiki/Siegess%C3%A4ule_(Berlin)

95 Arnold, I. (2016, 21. Januar). Verkehrsbauwerke. Achsenkreuz unter dem Tiergarten. *Berliner Unterwelten*. Abgerufen am 22. Oktober 2021 über https://www.berliner-unterwelten.de/verein/forschungsthema-untergrund/verkehrsbauwerke/achsenkreuz-tiergarten.html

96 Ernst Sagebiel (2021, 26. Januar). *Wikipedia*. Abgerufen am 25. September 2021 über https://nl.wikipedia.org/wiki/Ernst_Sagebiel

97 Reichsadler (2021, 16. August). *Wikipedia*. Abgerufen am 25. September 2021 über https://en.wikipedia.org/wiki/Reichsadler

98 The Nazi Eagles of Berlin (2015, 5. Juni). *Digital Cosmonaut*. Abgerufen am 25. September 2021 über https://digitalcosmonaut.com/2015/nazi-eagles-berlin/

99 Flughafen Berlin-Tempelhof (2021, 13. September). *Wikipedia*. Abgerufen am 20. September 2021 über https://de.wikipedia.org/wiki/Flughafen_Berlin-Tempelhof

100 Berlin-Blockade (2021, 9. Juni). *Wikipedia*. Abgerufen am 25. September 2021 über https://de.wikipedia.org/wiki/Berlin-Bockade

101 Dowling, S. (2006, 15. Dezember). An Uncertain Future for Hitler's Airport. *Der Spiegel International*.

Abgerufen am 20. September 2021 über https: //www. spiegel. de/international/historic-tempelhof-an-uncertain-future-for-hitler-s-airport-a-451212. html

102 Bartlick, S. (2014, 27. Mai). Berlin voters claim Tempelhof. *Deutsche Welle*. Abgerufen am 23. März 2022 über https://www.dw.com/en/berlin-voters-claim-tempelhof/a-17663944

103 Reimann, D. (2003, Mai). Die geträumte Welthauptstadt Germania und die Umsetzungen von Gräbern aus Berlin-Schöneberg nach Stahnsdorf. *OHLSDORF – Zeitschrift für Trauerkultur*. Abgerufen am 23. September 2021 über https://www.fof-ohlsdorf. de/kulturgeschichte/2003/81s27_germania. htm

104 Alter St.-Matthäus-Kirchhof Berlin (2021, 20. August). *Wikipedia*. Abgerufen am 23. September 2021 über https: //de.wikipedia. org/wiki/Alter_St.-Matth%C3%A4us-Kirchhof_Berlin

105 Domarus, M. (1932). Hitler: Reden und Proklamationen, Band 1, Teil 1, 1932–1934, München 1965. Zitiert nach Matzke, M. (2008, Oktober). *Die Straßen Adolf Hitlers – Reichsautobahnen 1933 – 1941*. [Scriptie Universität Wenen]. Abgerufen am 10. November 2021 über http: //othes. univie. ac.at/1740/1/2008-10-13_8501745.pdf

106 Dick, W. /Lichtenberg, A. (2012, 4. August). The myth of Hitler's role in building the autobahn. *Deutsche Welle*. Abgerufen am 10. November 2021 über https://www.dw.com/en/the-myth-of-hitlers-role-in-building-the- autobahn/a-16144981

107 Liesemeijer, H. (o.D.). AVUS Berlijn: Een zeer eigenaardig circuit. *Circuits of the past*. Abgerufen am 19. September 2021 über https://www.circuitsofthe-past. nl/avus-berlijn/

108 The Avus (2021, 23. September). *Digital Cosmonaut*. Abgerufen am 9. November 2021 über https:// digitalcosmonaut. com/2021/avus-tribune-berlin/

109 Conrad, A. (2015, 23. Mai). Legendäre Rennen auf der ersten Autobahn der Welt. *Der Tagesspiegel*. Abgerufen am 19. September 2021 über https://www. tagesspiegel. de/berlin/auf-spurensuche-auf-der-avus-legendaere-rennen-auf-der-ersten-autobahn-der-welt/11816528.html

110 Berliner Mauer (2021, 27. September). *Wikipedia*. Abgerufen am 10. Oktober 2021 über https:// de.wikipedia. org/wiki/Berliner_Mauer

111 Schönball, R. (2018, 13. August). Vergessenes Stück der Berliner Mauer wiederentdeckt. *Der Tagesspiegel*. Abgerufen am 21. Oktober 2021 über https:// www.tagesspiegel. de/berlin/berlin-mitte-vergessenes-stueck-der-berliner-mauer-wiederentdeckt/22908026. html

112 Mauerrest an der Ida-von-Arnim-Straße unter Denkmalschutz (2018, 15. August). *Landesdenkmalamt Berlin*. Abgerufen am 20. September 2021 über https:// www.berlin.de/landesdenkmalamt/aktuelles/kurzmeldungen/2018/mauerrest-an-der-ida-von-arnim-strasse-unter-denkmalschutz-729877.php

113 Local historian discovers forgotten 80-metre section of Berlin Wall in woods (2018, 24. Januar). *The Local*. Abgerufen am 20. September 2021 über https:// www. thelocal. de/20180124/local-historian-finds-forgotten-80-metre-section-of-berlin-wall-in-forest/

114 Kellerhoff, S. F. (2018, 24. Januar). Übersehene Reste der Berliner Mauer entdeckt. *Welt*. Abgerufen am 20. September 2021 über https://www.welt.de/ geschichte/article172771806/Deutsche-Teilung-Uebersehene-Reste-der-Berliner-Mauer-entdeckt.html

115 Kirchick, J. (2013, 15. Februar). Documentary Explores Gay Life in East Germany. The Iron Closet. *Der Spiegel*. Abgerufen am 29. Oktober 2021 über https:// www.spiegel.de/international/germany/documentary-explores-gay-and-lesbian-oppression-in-east-germany-a-883707.html

116 Gedenkstätte Günter Litfin (o.D.). *Stiftung Berliner Mauer*. Abgerufen am 20. September 2021 über https://www.gedenkstaette-guenter-litfin.de/

117 Save the Watchtower! (2020, 25. November). *Die Mauer – The Wall*. Abgerufen am 29. Oktober 2021 über https://diemauerthewall.de/watchtower/

118 Führungsstelle Schlesischer Busch (o.D.). *Landesdenkmalamt Berlin*. Abgerufen am 20. September 2021 über https://www.berlin.de/landesdenkmalamt/ denkmale/berliner-mauer/mauer-denkmale/fuehrungsstelle-schlesischer-busch-648158.php

119 McEwan, I. (2005, 5. November). *Die Welt*. Woran man sich doch gewöhnt. Abgerufen am 23. März 2022 über https://www.welt.de/print-welt/article175621/Woran-man-sich-doch-gewoehnt.html

120 Ernst, S. F. /Tratz, J. (2021). *Berlin Maps*. Berlin: Ruby Press.

121 Gerber, U. (o.D.). Wehrtechnische Fakultät und Hochschulstadt. *Forst Grunewald*. Abgerufen am 20. September 2021 über http://forst-grunewald.de/?page_id=3802

122 Dobberke, G. (2011, 25. Juni). Kein U-Boot-Becken unter dem Teufelsberg. *Der Tagesspiegel*. Abgerufen am 20. September 2021 über https://www. tagesspiegel. de/berlin/stadtgeschichte-kein-u-boot-becken-unter-dem-teufelsberg-/4323916.html

123 SIGINT, Berlin und der Teufelsberg: Vor 66 Jahren wurde die NSA gegründet (o.D.). *Deutsches Spionage Museum*. Abgerufen am 20. September 2021 über https://www.deutsches-spionagemuseum. de/2018/11/04/sigint-berlin-und-der-teufelsberg-vor-66-jahren-wurde-die-nsa-gegruendet

124 Engelbert, S. (1989, 7. Mai). U.S. says soldier crippled spy post set up in Berlin. *The New York Times*. Abgerufen am 20. September 2021 über https://www. nytimes. com/1989/05/07/world/us-says-soldier-crippled-spy-post-set-up-in-berlin.html

125 Teufelsberg besichtigen: Dem Kalten Krieg auf der Spur (2019, 21. November). *Berlin. de. Das offizielle Hauptstadtportal*. Abgerufen am 20. September 2021 über https://www.berlin.de/tourismus/insider-tipps/1772036-2339440-teufelsberg-besichtigen-dem-kalten-krieg.html

126 Grube, M. (o.D.). Autobahn – Grenzübergangsstelle Dreilinden–Drewitz. *Geschichtsspuren*. Abgerufen am 19. September 2021 über https://www.geschichtsspuren.de/artikel/ddr-und-innerdeutsche-grenze/55-autobahn-grenzkontrollstelle-dreilinden-drewitz.html

127 Alte Autobahn zwischen Kreuz Zehlendorf – Dreilinden – Potsdam (o. D.) *Bahninfo*. Abgerufen am 19. September 2021 über http://berlin.bahninfo.de/alteautobahn.htm

128 Transitverkehr durch die DDR (2022, 25. Februar). *Wikipedia*. Abgerufen am 23. März 2022 über https://de.wikipedia.org/wiki/Transitverkehr_durch_die_DDR

129 Geschichte. Ost trifft West nach dem Fall der Mauer (o. D.). *Checkpoint Bravo e. V.* Abgerufen am 20. September 2021 über https://www.checkpoint-bravo.de/geschichte.htm

130 Ernst Thälmann(2021, 22. August). *Wikipedia*. Abgerufen am 20. September 2021 über https://de.wikipedia.org/wiki/Ernst_Th%C3%A4lmann

131 Schlusche, G./Pfeiffer-Kloss, V./Dolff-Bonekämper, G./Klausmeier, A. (2014). *Stadtentwicklung im doppelten Berlin*. Berlin: Christoph Links Verlag.

132 Hollersen, W. (2022, 23. März). Berlin-Pankow: CDU will Thälmann-Denkmal abreißen. *Berliner Zeitung*. Abgerufen am 25. März 2022 über https://www.berliner-zeitung.de/mensch-metropole/warum-die-cdu-in-pankow-wieder-den-abriss-des-thaelmann-denkmals-fordert-li.218401

133 Der Thälmann-Park nach der Wiedervereinigung. Vom Denkmalstreit zum Denkmalschutz (o. D.). *Der Ernst-Thälmann-Park*. Abgerufen am 20. September 2021 über http://thaelmann-park.berlin/denkmal-streit-denkmalschutz/

134 Panzerdenkmal Kleinmachnow (2021, 27. Mai). *Wikipedia*. Abgerufen am 22. September 2021 über https://de.wikipedia.org/wiki/Panzerdenkmal_Kleinmachnow

135 Panzerdenkmal (o. D.). *Checkpoint Bravo e. V.* Abgerufen am 20. September 2021 über https://www.checkpoint-bravo.de/geschichte.htm

136 Novy, B. (2014, 26. Mai). Der DDR-Architekt Hermann Henselmann und die Moderne. *Deutschlandfunk*. Abgerufen am 20. September 2021 über https://www.deutschlandfunk.de/biografie-der-ddr-architekt-hermann-henselmann-und-die.700.de.html?dram:article_id=287482

137 Stalinbauten? (o. D.). *Stalinbauten*. Abgerufen am 20. September 2021 über https://www.stalinbauten.de/stalinbauten/

138 Dobbert, S./Hugendick, D. (2013). Das neue Leben der Stalinallee. *Zeit Online*. Abgerufen am 23. März 2022 über https://www.zeit.de/kultur/karl-marx-allee/index.html#prolog

139 Kosmos (Berlin) (2020, 11. Oktober). *Wikipedia*. Abgerufen am 20. September 2021 über https://de.wikipedia.org/wiki/Kosmos_(Berlin)

140 Café Moskau (2021, 9. September). *Wikipedia*. Abgerufen am 20. September 2021 über https://de.wikipedia.org/wiki/Caf%C3%A9_Moskau

141 Das ehemalige Haus der Statistik (o. D.). *Senatsverwaltung für Stadtentwicklung und Wohnen*. Abgerufen am 20. September 2021 über https://www.stadtentwicklung.berlin.de/planen/staedtebau-projekte/alexanderplatz/de/heute/haus_der_statistik/index.shtml

142 Die gemalte Utopie. Das Lob des Kommunismus von Ronald Paris im DDR Museum. (o. D.). *Google Arts & Culture*. Abgerufen am 12. Oktober 2021 über https://artsandculture.google.com/story/SQVB0ommsRKJFg?hl=de

143 Praschl, G. (2020, 23. November). Was tun mit dem „Lob des Kommunismus"? *SUPERillu*. Abgerufen am 12. Oktober 2021 über https://www.superillu.de/magazin/politik/politiker/gregor-gysi-einzigartig-oder-geschmacklos-1309

144 Schupelius, G. (2020, 16. November). DDR-Museum zeigt Verherrlichung des Kommunismus. *Berliner Zeitung*. Abgerufen am 31. Mai 2022 über https://www.bz-berlin.de/meinung/kolumne/kolumne-mein-aerger/ddr-museum-zeigt-verherrlichung-des-kommunismus

145 Modellprojekt Haus der Statistik (o. D.). *Haus der Statistik*. Abgerufen am 20. September 2021 über https://hausderstatistik.org/

146 Messmer, S. (2021, 13. Februar). Das ist unser Haus. Soziokultur in Berlins Zentrum. *taz*. Abgerufen am 12. Oktober 2021 über https://taz.de/Soziokultur-in-Berlins-Zentrum/!5748596/

147 Bavandi, M. (2015). Hotelgeschichte am Alexanderplatz. *Berlin vis.à.vis*. Abgerufen am 28. Oktober 2021 über https://www.berlin-visavis.de/node/1363

148 Haus des Lehrers (2021, 22. April). *Wikipedia*. Abgerufen am 20. September 2021 über https://de.wikipedia.org/wiki/Haus_des_Lehrers

149 Weltzeituhr (Alexanderplatz) (2021, 25. Juli). *Wikipedia*. Abgerufen am 20. September 2021 über https://de.wikipedia.org/wiki/Weltzeituhr_(Alexanderplatz)

150 Schützler, H. (2001). Dat Lenindenkmal wird enthüllt. *Berlinische Monatsschrift Heft*. Abgerufen am 19. September 2021 über https://berlingeschichte.de/bms/bmstxt01/0106novc.htm

151 Lenin ist wieder da – und so verschwand er 1991 (2016, 27. April). *Der Tagesspiegel*. Abgerufen am 19. September 2021 über https://www.tagesspiegel.de/berlin/ausstellung-mit-entsorgten-denkmaelern-in-berlin-lenin-ist-wieder-da-und-so-verschwand-er-1991/12283364.html

152 Pilz, M. (2016, 29. April). Wie Lenins Kopf in Berlin gelandet ist. *Welt*. Abgerufen am 19. September 2021 über https://www.welt.de/kultur/article154881816/Wie-Lenins-Kopf-in-Berlin-gelandet-ist.html

153 Kulke, U. (2015, 30. März). Eine Echse behindert die Ausgrabung von Lenins Kopf. *Welt*. Abgerufen am 22. Oktober 2021 über https://www.welt.de/vermischtes/kurioses/article138900485/Eine-Echse-behindert-die-Ausgrabung-von-Lenins-Kopf.html

154 Seeling, B. (2016, 5. Januar). Der Lenin-Kopf ist Spandauer – ab April. *Der Tagesspiegel*. Abgerufen am 19. September 2021 über https://www.tagesspiegel.de/berlin/bezirke/spandau/berlin-spandau-der-lenin-kopf-ist-spandauer-ab-april/12785902.html3

155 Deutsche Demokratische Republik (2021, 15. Oktober). *Wikipedia*. Abgerufen am 26. Oktober 2021 über https://de.wikipedia.org/wiki/Deutsche_Demokratische_Republik

156 Der Dom seit 1993 (o. D.). *Berliner Dom*. Abgerufen am 5. April 2022 über https://www.berliner-dom.de/besuchen-wissen/ueber-den-dom/der-dom-seit-1993/

157 Flade, C. (o. D.). Geschichte. *Berliner Spreepark*. Abgerufen am 19. September 2021 über https://berliner-spreepark.de/geschichte

158 Flade, C. (o. D.). Riesenrad. *Berliner Spreepark*. Abgerufen am 19. September 2021 über https://berliner-spreepark.de/project/riesenrad

159 Thalmann, F. (2020, 1. Oktober). Das bewegte Leben des ehemaligen Berliner Schausteller-Königs Norbert Witte. *Berliner Zeitung*. Abgerufen am 19. September 2021 über https://www.berliner-zeitung.de/mensch-metropole/rummel-legende-norbert-witte-der-spreepark-koenig-hat-seinen-frieden-gefunden-li.108446

160 Flade, C. (o. D.). Geisterschloss. *Berliner Spreepark*. Abgerufen am 22. Dezember 2021 über https://berliner-spreepark.de/project/geisterschloss

161 Dörfler, P. (2009). *Achterbahn* [Film]. Berlin.

162 Spreepark (o. D.). *Grün Berlin*. Abgerufen am 19. September 2021 über https://gruen-berlin.de/projekte/parks/spreepark

163 Interbau (2021, 2. Mai). *Wikipedia*. Abgerufen am 26. September 2021 über https://de.wikipedia.org/wiki/Interbau

164 Conrad, A. (2020, 21. Mai). Als ein Teil der Berliner Kongresshalle einstürzte. *Der Tagesspiegel*. Abgerufen am 23. März 2022 über https://www.tagesspiegel.de/berlin/an-himmelfahrt-40-jahre-her-als-ein-teil-der-berliner-kongresshalle-einstuerzte/25844392.html

165 Kongresshalle (Berlin) (2021, 22. August). *Wikipedia*. Abgerufen am 26. September 2021 über https://de.wikipedia.org/wiki/Kongresshalle_(Berlin)

166 Kaiser-Wilhelm-Gedächtniskirche (2021, 18. September). *Wikipedia*. Abgerufen am 15. Oktober 2021 über https://de.wikipedia.org/wiki/Kaiser-Wilhelm-Ged%C3%A4chtniskirche

167 Zeittunnel in die Konsumgeschichte (2007, 19. September). *Der Tagesspiegel*. Abgerufen am 26. Oktober 2021 über https://www.tagesspiegel.de/berlin/ausstellung-zeittunnel-in-die-konsumgeschichte/1045514.html

168 Skulpturenboulevard (2021, 18. Juli). *Wikipedia*. Abgerufen am 26. Oktober 2021 über https://de.wikipedia.org/wiki/Skulpturenboulevard

169 Preuss, S. (2011, 4. Mai). Der „Skulpturenboulevard" machte 1987 die Straße zur Arena eines Kunstkampfs. *Berliner Zeitung*. Abgerufen am 29. Oktober 2021 über https://www.berliner-zeitung.de/der-skulpturenboulevard-mahte-1987-die-strasse-zur-arena-eines-kunstkampfs-was-damals-die-gemueter-erregte-sind-heute-populaere-sehenswuerdigkeiten-keifen-gegen-kunst-am-kudamm-li.43637

170 Berlin-Uhr (2021, 27. September). *Wikipedia*. Abgerufen am 27. September 2021 über https://de.wikipedia.org/wiki/Berlin-Uhr

171 Höge, H. (2019, 30. März). Zeit in der Mengenlehre. *taz*. Abgerufen am 27. September 2021 über https://taz.de/Eine-ganz-besondere-Berliner-Uhr/!5581742/

172 Zetter, K. (2014, 20. November). Finally, a New Clue to Solve the CIA's Mysterious Kryptos Sculpture. *WIRED*. Abgerufen am 27. September 2021 über https://www.wired.com/2014/11/second-kryptos-clue/

173 Landesdenkmalamt Berlin (o. D.). *ehem. Alliierter Checkpoint Bravo (Dreilinden) mit Bärenplastik*. Abgerufen am 5. Oktober 2021 über https://www.berlin.de/landesdenkmalamt/denkmale/liste-karte-datenbank/denkmaldatenbank/daobj.php?obj_dok_nr=09075573

174 Haeming, A. (2010, 3. Juli). Deutschlands berühmteste Raststätte. Pop-Art am Checkpoint Bravo. *Der Spiegel*. Abgerufen am 2. Juni 2022 über https://www.spiegel.de/auto/aktuell/deutschlands-beruehmteste-raststaette-pop-art-am-checkpoint-bravo-a-700973.html

175 Cité Foch (2021, 26. April). *Wikipedia*. Abgerufen am 5. Oktober 2021 über https://de.wikipedia.org/wiki/Cit%C3%A9_Foch

176 Bundesautobahn 103 (2021, 21. Mai). *Wikipedia*. Abgerufen am 19. September 2021 über https://de.wikipedia.org/wiki/Bundesautobahn_103

177 Kords, M. (2022, 13. April). Europäische Städte mit den meisten Brücken 2021. *Statista*. Abgerufen am 1. Juni 2022 über https://de.statista.com/statistik/daten/studie/719519/umfrage/europaeische-staedte-mit-den-meisten-bruecken/

178 Brommybrücke (2021, 1. Februar). *Wikipedia*. Abgerufen am 19. September 2021 über https://de.wikipedia.org/wiki/Brommybr%C3%BCcke

179 Frey, T. (2019, 5. Mai). Die Brommybrücke und der Wunsch nach Wiederaufbau. *Berliner Woche*. Abgerufen am 19. September 2021 über https://www.berliner-woche.de/friedrichshain-kreuzberg/c-bauen/die-brommybruecke-und-der-wunsch-nach-wiederaufbau_a212413

180 Ralf Schüler und Ursulina Schüler-Witte (2020, 21. Dezember). *Wikipedia*. Abgerufen am 27. September 2021 über https://de.wikipedia.org/wiki/Ralf_Sch%C3%BCler_und_Ursulina_Sch%C3%BCler-Witte

181 Bartetzko, D. (2020, 26. Juni). INTERVIEW: Ursulina Schüler-Witte zum Bierpinsel. moderne Regional. Abgerufen am 27. September 2021 über https://www.moderne-regional.de/interview-ursulina-schueler-witte-zum-bierpinsel/

182 Neuer Investor plant Büros in Steglitzer Bierpinsel (2021, 19. September). *rbb24*. Abgerufen am 27. September 2021 über https://www.rbb24.de/panorama/beitrag/2021/09/neuer-investor-bierpinsel-steglitz-umbau-bueroraeume.html

183 Kunsthaus Tacheles (2021, 11. Juni). Wikipedia. Abgerufen am 28. September 2021 über https://de.wikipedia.org/wiki/Kunsthaus_Tacheles

184 Peter, T. (2014, 25. September). Perella Weinberg buys former squatter site in central Berlin. The Globe and Mail. Abgerufen am 28. September 2021 über https://www.theglobeandmail.com/report-on-business/international-business/european-business/perella-weinberg-buys-former-squatter-site-in-central-berlin/article20788827/

185 Heilmeyer, F. (2021, 31. März). Im Bau: Tacheles Reloaded. Stadtquartier in Berlin von Herzog & de Meuron. BauNetz. Abgerufen am 28. September 2021 über https://www.baunetz.de/meldungen/Meldungen-Stadtquartier_in_Berlin_von_Herzog_-_de_Meuron_7568896.html

186 Nippard, C. (2010, 30. Juli). Berlin cultural centers become casualties of gentrification. Deutsche Welle. Abgerufen am 28. September 2021 über https://www.dw.com/en/berlin-cultural-centers-become-casualties-of-gentrification/a-5850541

187 Palast der Republik (2021, 3. September). Wikipedia. Abgerufen am 22. September 2021 über https://de.wikipedia.org/wiki/Palast_der_Republik

188 De Rue, B. (2007, 30. August). Het Stadtschloss. Duitsland Instituut. Abgerufen am 22. September 2021 über https://duitslandinstituut.nl/artikel/3065/het-stadtschloss

189 Berlin Palace (2021, 31. Juli). Wikipedia. Abgerufen am 22. September 2021 über https://en.wikipedia.org/wiki/Berlin_Palace

190 Savelberg, R. (2006, 20. Januar). Ultiem protest kan Palast der Republik niet meer redden van de sloop. De Standaard. Abgerufen am 22. Oktober 2021 über https://www.standaard.be/cnt/go7n2h30

191 Palast der Republik wordt afgebroken (2006, 20. Januar). Duitsland Instituut. Abgerufen am 22. Oktober 2021 über https://duitslandinstituut.nl/artikel/1753/palast-der-republik-wordt-afgebroken

192 Wolf, T./Roy, M./Sassi, R. (2020). Secret Berlin. Paris: Jonglez Publishing.

193 Förderverein Palast der Republik e. V. (o. D.). Abgerufen am 20. September 2021 über https://palast.jetzt/

194 Marx-Engels-Forum (2021, 12. März). Wikipedia. Abgerufen am 20. September 2021 über https://de.wikipedia.org/wiki/Marx-Engels-Forum

195 Berlin-Weißensee. Ehemaliges Säuglings- und Kinderkrankenhaus (o. D.). Amt für Weiterbildung und Kultur. Museum Pankow. Abgerufen am 5. Oktober 2021 über https://www.berlin.de/museum-pankow/geschichte-im-stadtraum/fast-vergessen/weissensee/artikel.1066093.php

196 VEB Meierei Weissensee (o. D.). Museum Pankow. Abgerufen am 6. Oktober 2021 über https://berlin.museum-digital.de/singleimage.php?imagenr=654

197 Kather, T. (2013, 24. Juni). Eigentümer überlassen das Baudenkmal dem Verfall. Der Tagesspiegel. Abgerufen am 5. Oktober 2021 über https://www.tagesspiegel.de/berlin/ehemalige-kinderklinik-berlin-weissensee-eigentuemer-ueberlassen-das-baudenkmal-dem-verfall/8394656.html

198 Wähner, B. (2018, 13. Februar). Einst war das Kinderkrankenhaus der Stolz der Weißenseer Stadtväter. Berliner Woche. Abgerufen am 5. Oktober 2021 über https://www.berliner-woche.de/weissensee/c-bauen/einst-war-das-kinderkrankenhaus-der-stolz-der-weissenseer-stadtvaeter_a142114

199 UPDATE: Kinderklinik Weißensee in Flammen – wie geht es weiter mit der Ruine? (2020, 25. September). Berliner Kurier. Abgerufen am 5. Oktober 2021 über https://www.berliner-kurier.de/berlin/kinderklinik-weissensee-schon-wieder-brennt-es-in-der-ruine-li.107398

200 MS DR. Ingrid Wengler. Abgerufen am 29. September 2021 über http://www.dr-ingrid-wengler.de/

201 Martens, R. & D. (2010, 23. Februar). Drei rostende Boote liegen in Landwehrkanal und Spree. Der Tagesspiegel. Abgerufen am 29. September 2021 über https://www.tagesspiegel.de/berlin/problemschiffe-drei-rostende-boote-liegen-in-landwehrkanal-und-spree/1688684.html

202 Cuvry-Graffiti (2021, 16. August). Wikipedia. Abgerufen am 13. Oktober 2021 über https://de.wikipedia.org/wiki/Cuvry-Graffiti

203 Henke, L. (2014, 19. Dezember). Why we painted over Berlin's most famous graffiti. The Guardian. Abgerufen am 13. Oktober 2021 über https://www.theguardian.com/commentisfree/2014/dec/19/why-we-painted-over-berlin-graffiti-kreuzberg-murals

204 Kunze, K. (2019, 11. April). Woher kommt der Name Berlin? SWR. Abgerufen am 29. September 2021 über https://www.swr.de/wissen/1000-antworten/kultur/1000-antworten-1556.html

205 Komande, G. H. M. (2004, Dezember). Schlüter, Andreas. Die Geschichte Berlins. Abgerufen am 23. März 2022 über https://www.diegeschichteberlins.de/geschichteberlins/persoenlichkeiten/persoenlichkeitenot/401-schlueter.html

206 Evans, S. (2013, 3. November). Berlin's pink pipes: What are they? BBC News. Abgerufen am 29. September 2021 über https://www.bbc.com/news/av/magazine-24773752

207 Umlauftank 2 (circulation tank) (o. D.). Visit Berlin. Abgerufen am 5. April 2022 über https://www.visitberlin.de/en/umlauftank-2-circulation-tank

Bildnachweis

akg-images: S. 83, 105 (Udo Hesse)
Public Domain: S. 7, 10, 13, 26, 60, 66, 67, 141, 151
Bassaar, Creative Commons, Wikimedia: S. 32
Gerd Danigelr, Creative Commons, Wikimedia: S. 33
Fortepan, Nagy Gyula, Creative Commons, Wikimedia: S. 146

Alle übrigen Fotos stammen von Reinout Bossuyt, Trees Timperman, Bart Vanacker, Marc Vanacker.

Der Autor

Bart Vanacker, Jahrgang 1980, lebt und arbeitet im belgischen Gent, verliebte sich aber schon vor zwanzig Jahren in die deutsche Hauptstadt. Seitdem pilgert er regelmäßig nach Berlin, um neue Geschichten und Orte zu entdecken. Daneben fotografiert und schreibt er zu Themen der Industriekultur und Denkmälern im In- und Ausland.

Impressum

Bibliografische Information der Deutschen Nationalbibliothek
Die Deutsche Nationalbibliothek verzeichnet diese Publikation
in der Deutschen Nationalbibliografie; detaillierte bibliografische
Daten sind im Internet über http://dnb.d-nb.de abrufbar.

© be.bra verlag, Medien und Verwaltungs GmbH
Berlin-Brandenburg, 2022
Asternplatz 3, 12203 Berlin
post@bebraverlag.de
Übersetzung aus dem Niederländischen: Trees Timperman
Lektorat: Ute Schulz, Berlin
Umschlag: typgerecht berlin (Foto: Bart Vanacker)
Layout: Tijdreizen.eu
Karten: Reinout Bossuyt
Schrift: FF Cst Berlin East, Tisa Pro, Tisa Pro Sans
Gedruckt in Slowenien
ISBN 978-3-8148-0259-6

www.bebraverlag.de

Mehr geheimnisvolle Orte

4. Auflage

Ciarán Fahey

Verlassene Orte / Abandoned Berlin
Ruinen und Relikte
in Berlin und Umgebung
Bd./Vol. 1

192 Seiten, 314 farbige Abbildungen,
deutsch-englisch

ISBN 978-3-8148-0208-4

Ciarán Fahey

Verlassene Orte / Abandoned Berlin
Ruinen und Relikte
in Berlin und Umgebung
Bd./Vol. 2

192 Seiten, 310 farbige Abbildungen,
deutsch-englisch

ISBN 978-3-8148-0251-0

Es sind die Ruinen der Moderne: Halb verfallene Vergnügungspaläste, stillgelegte Fabriken und Krankenhäuser oder nicht mehr genutzte Militäranlagen verströmen einen morbiden Charme.

Der irische Journalist Ciarán Fahey hat die faszinierendsten und spektakulärsten dieser verlassenen Orte in Berlin und Umgebung fotografiert und ihre Geschichte erkundet. Seine Bilder und Texte bewahren die Relikte einer geheimnisvollen Welt an der Grenze zwischen Vergangenheit und Zukunft.